诚者，天之道；思诚者，人之道。
立诚，则行天下；守信，则强天下。

誠信載道

昆明国际机场诚信文化读本

魏建国 著

云南大学出版社

图书在版编目（CIP）数据

诚信载道 / 魏建国著. —昆明：云南大学出版社，
2011
ISBN 978-7-5482-0747-4

I. ①诚… II. ①魏… III. ①机场管理—概况—昆明
市 IV. ①F562.874.1

中国版本图书馆CIP数据核字(2011)第276214号

诚信载道
魏建国 著

责任编辑：伍奇
版式设计：赵云委
出版发行：云南大学出版社
印装：昆明美盈彩印包装有限公司
开本：787×1092 1/16
印张：15.75
字数：263千
版次：2011年12月第1版
印次：2011年12月第1次印刷
书号：ISBN 978-7-5482-0747-4
定价：58.00元

地址：昆明市一二一大街云南大学英华园内
发行电话：0871—5031810

序

翻开建国同志著的《诚信载道》书稿，我感到由衷的自豪和欣慰，昆明机场从分立运行到现在7年的时间里，走过了一条不寻常的道路。在昆明长水国际机场即将启用，巫家坝国际机场即将完美收官之时，《诚信载道》一书的出版无疑是一件极有意义的盛事，它系统地阐述了昆明机场创建诚信机场的思路脉络，实践历程和理论成果，对云南民航事业的大发展大繁荣开辟了一条崭新的道路。

诚信是我国传统文化的精髓，是做人做事的道德规范。在民航改制的大背景下，昆明机场通过对诚信思想追本溯源，从人类思想发展的道德角度出发，结合中国共产党实事求是的理论基础，从构建社会主义核心价值体系与社会发展的和谐关系出发，对诚信思想深度挖掘和创新运用，将“诚信”作为发展战略，融入到企业管理、思想政治工作和精神文明建设的全过程，植根于机场企业文化，作为机场软实力建设的重要部分，逐步构筑机场“诚信”文化品牌。

诚，存于心；信，果于行。合二为一方为诚信。昆明机场对诚信思想历经博学、慎思，诚信的理念深入人心；然后笃行，孜孜不倦地将诚信思想积极实践和广泛探索。昆明机场的诚信，涵盖其理念与实践，涵盖其追求与坚持，涵盖其对旅客和客户的诚挚、员工对机场的热爱与忠诚。翻看书中一个个我或是熟知的，或是新近发生的先进事迹，仿佛这些可敬可爱的员工带着熟悉的音容笑貌，出现在眼前，就如云南机场集团的吉祥物小蜜蜂一样，热情周到地忙碌着。昆明机场的“诚信文化”所蕴含的价值观念、思维方式、行为规范、外在形象也通过广大员工真诚的行动得到了综合体现。

思想通过实践证明，实践需要思想指导。昆明机场在践行“诚信”的过程中，在获得经验的同时，对诚信创建理论进行了去芜存青，汇聚了宝贵的文化财富。昆明机场以顾客满意为出发点，以“诚信为本，顾客为尊”为服务理念，将“诚信机场”创建作为联系驻场单位的纽带，与各成员单位携手共进、共同努力，对机场改革、发展、建设、效益、稳定、对外形象、文明创建等各项工作的提升，起到了积极的促进作用，营造了内谐外顺的良好氛围，促进了云南民航事业欣欣向荣的发展局面。六年多的实践证明，“诚信为本”已不仅是昆明机场的核心价值观，也是云南民航这个集体的核心价值观，诚信这把“金钥匙”已经开启了“云南民航”整体大发展的新篇章。

“立诚，则行天下；守信，则强天下”，诚信是市场经济运行中一种崭新的、特殊的资本形态，是企业重要的无形资产。成熟的市场经济，企业之间主要是品牌及服务的竞争。诚信作为企业支撑品牌的基石，是企业经济发展的一种无形的推动力，对企业的长远发展有巨大的促进作用。在面对“将云南建设成为我国面向西南开发的重要桥头堡”的战略机遇期，昆明机场的诚信机场建设，紧紧围绕发展这个主题，着眼于云南民航一体化创建模式，为建设航空强省提供目标支撑。对发展云南航空业促进云南社会经济的发展，特别是特色经济和支柱产业产生互助，具有重要的意义。实证了企业的形象、企业的竞争最终是要靠文化取胜，诚信建设既是昆明机场的发展之魂，也是云南省创建诚信品牌的一个创举。

诚信的笃实温暖与道的厚重宽广可谓一实一虚、一刚一柔的最好契合。《诚信载道》正是昆明机场人探索、体悟诚信，融入日常工作生活中，追求“道”的崇高境界的见证。作为“面向东南亚、南亚，连接欧亚的国家门户枢纽机场”的昆明长水国际机场，更是需要靠诚信的精神力量和文化凝聚力，去探寻促进昆明长水国际机场科学发展、可持续发展、又好又快发展的大道。相信在诚信之光的照耀下，昆明长水国际机场的发展步伐将更加稳健，云南机场业的明天将更加美好，我们这个社会也会更加和谐稳定。

“德不孤，必有邻。”昆明巫家坝国际机场创建“诚信机场”的有益实践，必将由昆明至云南，由云南至全国，由全国至世界，为民航企业开辟一条前景辉煌的坦途。

刘明

2011年11月于昆明

目录

上篇 思诚

“诚者，天之道，思诚者，人之道。”人类文明的繁衍发展，其实一直在追寻和思考“我们从何来？要到哪里去？”人类物质发展的脚步越来越快，精神的发展却趋于缓慢，道德规范危机的阴影越来越沉重地笼罩在我们心头。因此，“人道”的发展需要一条准绳，需要一个正确的发展方向，而向“天道”学习，学其大公无私，思其至诚至真。本篇反本溯源，先正其心，后立其意。

诚信载道

第一章

诚信的历史渊源

诚信是我国传统道德文化的重要内容之一。从儒家到墨家，诚信是备受古人推崇的良言箴规，是诸子百家共举的道德标准。在传统儒家伦理中，诚信更被视为治国平天下的条件和必须遵守的重要道德规范。在长期的社会实践中，中华民族形成了重承诺、守信义、以诚立业、以信取人的道德传统，诚信逐步成为中华文化的一种优良传统，内化为中华民族的一种精神特质。

在古代，诚与信是可以互训的。东汉许慎编撰的《说文解字》中说："信，诚也。"又说："诚，信也。"诚是内在的，主不自欺；信是外在的，主不欺人，诚于内而信于外。没有诚，就不会有信；反之，尽到信，则诚自在其中。

古罗马的西塞罗曾经说过："没有诚实，何来尊严。"著名的哲学家弗兰西斯·培根说："无疑地，从来最有能力的人都是有坦白直爽的行为、信实不欺的名誉。"在西方，诚信的基本含义就是尊重事实和信守诺言，是建立在对诚实守信、互不欺诈的价值观念认同的基础上而形成的人与人之间彼此坦诚相待的关系。

立诚，则行天下；守信，则强天下。千古不变之理。

内诚于心，外信于人

——中国传统诚信文化

诚信是中华民族的传统美德。诚信的道德观念和思想源远而流长，自古以来就被中华民族所重视。在中国文化历史上，诚信一直作为一个道德命题而存在。老子把“轻诺必寡信，多易必多难”作为人生行为的基本准则；庄子把“真者，精诚之至也，不精不诚，不能动人”立为做人的最高境界；孔子把“民无信而不立”提高到治人治国的高度；唐代魏徵就把“诚信”看做是“国之大纲”。《史记》中有这样一句话：“得黄金百千，不如得季布一诺。”

然而“诚信”一词并不是初始就合在一起的，而是由两个分立的字“诚”和“信”结合而成的。据考证，“诚”最早见于《尚书》，其中《尚书·太甲下》中有“神无常享，享于克诚”的记载，以“诚”来形容笃信鬼神的虔诚。《礼记·中庸》中说：“唯天下至诚，为能尽其性；能尽其性，则能尽人之性；能尽人之性，则能尽物之性；能尽物之性，则可以赞天地之化育；可以赞天地之化育，则可以与天地参矣。”到汉代，“诚”成为儒家人生哲学的核心概念。这里，我们来看几个古代经典的故事：

正人先正己

《贞观政要》有《论诚信》一章，头一段说贞观初年，有人上书奏请朝廷去除佞人，唐太宗李世民问他：“谁是佞人呢？”那人回答：“臣在民间，不知谁奸佞。陛下可以假装发怒去试验群臣。如果能不怕陛下盛怒，直言进谏的，就是正直的人。顺从迎合的，就是佞人。”李世民说：“流水是清是浑，决定于源头。国君好比源头，百姓像流水。国君自身搞诈骗，想要臣下正直，犹如源头浑浊而希望流水清澈一样，行不通的。我常因曹操诡诈而鄙视他的人品。用这个办法试探群臣，哪能是好办法？”于是对上书人说：“我的愿望是在全国实行信义，不想拿欺诈的方法搞坏社会风气。你的想法是好的，但我不能采纳。”

从《贞观政要》可以看到，李世民这种认识，一方面从“民无信不立”这类圣人的教导中得来，另一方面则是总结历史经验的结果。

晏元献诚笃

北宋时期著名的文学家和政治家晏殊，十四岁时被地方官作为“神童”举荐给朝廷，朝廷征召他到了京城，恰好遇到皇帝亲自面试进士，就命晏殊与一千多名进士同时参加考试，结果晏殊发现试题是自己十天前刚练习过的，就如实向真宗报告，并请求改换其他题目。宋真宗非常赞赏晏殊的诚实品质，便赐给他“同进士出身”。晏殊当职时，正值天下太平。于是，京城的大小官员便经常到郊外游玩或在城内的酒楼茶馆举行各种宴会。晏殊家贫，无钱出去吃喝玩乐，只好在家里和兄弟们读写文章。有一天，真宗提升晏殊为辅佐太子读书的东宫官。大臣们惊讶异常，不明白真宗为何作出这样的决定。真宗说：“近来群臣经常游玩饮宴，只有晏殊闭门读书，如此自重谨慎，正是东宫官合适的人选。”晏殊谢恩后说：“我不是不想去游玩宴饮，只是因为家贫无钱，才不去参加。我是有愧于皇上的夸奖的。”这两件事，使晏殊在群臣面前树立起了信誉，而宋真宗也更加信任他了。

故事中的晏殊完全可以不把只有自己知道的真实情况告诉皇帝，但他却没有这样想，更没有这样做，而是将实情如实相告。在他看来，不把只有自己知道的真实情况反映出来就等于在欺骗自己，将实情如实反映出来是对自己良心的一个郑重交代。可以看出，晏殊的做法说明他重真求实，不欺骗自己。这也正是我们所探寻的“诚”的基本含义，那就是真实而不自欺。《大学》中讲：“所谓诚其意者，毋自欺也。”《礼记》上说：“诚者，天之道也；诚之者，人之道也。” 诚实是天道的法则；做到诚实是人道的法则。天生诚实的人，不必勉强为人处世合理，不必思索言语得当。从容不迫地达到中庸之道，这种人就是圣人。做到诚实的人，就必须选择至善的道德，并且要坚守不渝地实行它才行。朱熹说：“诚者，真实无妄之谓也。”宋代理学家周敦颐说得更透彻：“诚，五常之本，百行之源也。”明清之际的思想家王夫之则说：

轻诺必寡信，多易必多难。——老子

“‘诚’字，是极顶字，更无一字可以代释，更无一语可以反衬，尽天下之善而皆有之谓也，通吾身、心、知而无不一于善之谓也。”所以我们认为，“诚”更多的是指“内诚于心”，是个体向内、向“善”的内心道德体验和追求。

何为“信”？据考证，“信”也最早出现在《尚书》中，《尚书·商书·汤誓》记载了商汤在伐桀的誓词中所说的：“尔无不信，朕不食言。”后来，经儒家提倡，“信”逐渐蜕去宗教色彩，成为纯粹的道德规范。我们看几则古人重诺言、讲信用的故事：

立木为信

春秋战国时，秦国的商鞅在秦孝公的支持下主持变法。当时处于战争频繁、人心惶惶之际，为了树立威信，推进改革，商鞅下令在都城南门外立一根三丈长的木头，并当众许下诺言：谁能把这根木头搬到北门，赏金十两。围观的人不相信如此轻而易举的事能得到如此高的赏赐，结果没人肯出手一试。于是，商鞅将赏金提高到五十金。重赏之下必有勇夫，终于有人站起将木头扛到了北门。商鞅立即赏了他五十金。商鞅这一举动，在百姓心中树立起了威信，而商鞅接下来的变法就很快在秦国推广开了。新法使秦国渐渐强盛，最终统一了中国。

约法三章

刘邦率先入主关中，但并没有被秦宫的豪华陈设所诱惑，他知道夺得人心才是争夺天下的资本。于是，刘邦还军灞上，与关中父老约定：“杀人的偿命，伤人和盗窃财物的按情节论罪。”秦朝原来的严刑酷律，现全部予以废除，并且保留原有地方官吏，士农工商继续从事旧业。然后在灞上静候各诸侯军的到来。这就是历史上有名的“约法三章”。

关中是秦朝的发源地，也是兵家必争的战略要地，能否取得关中的民心是成功与否的关键。刘邦入主关中后约法三章，使原本惊恐不安的关中民众放下心来。因此获得了关中百姓的全力支持，这为他日后夺得天下，奠定了坚实的基础。而项羽就不同了，他进军咸阳后，将秦宫中财宝、美女洗劫一空，然后纵火焚烧阿房宫，大火三月不止。此举使他失去了大部分民心。

尾生抱柱

春秋时，鲁国曲阜有个年轻人名叫尾生，与圣人孔子是同乡。尾生为人正直，乐于助人，和朋友交往很守信用，受到四乡八邻的普遍赞誉。

后来，尾生迁居梁地（今陕西韩城南）。他在那里认识了一位年轻漂亮的姑娘。两人一见钟情，君子淑女，私订终身。但是姑娘的父母嫌弃尾生家境贫寒，坚决反对这门亲事。为了追求爱情和幸福，姑娘决定背着父母私奔，随尾生回到曲阜老家去。那一天，两人约定在韩城外的一座木桥边会面，双双远走高飞。黄昏时分，尾生提前来到桥上等候。不料，六月的天气说变就变，突然乌云密布，狂风怒吼，雷鸣电闪，滂沱大雨倾盆而下。不久山洪暴发，滚滚江水裹挟泥沙席卷而来，淹没了桥面，没过了尾生的膝盖。

城外桥面，不见不散，尾生想起了与姑娘的信誓旦旦；四顾茫茫水世界，不见姑娘踪影。但他寸步不离，死死抱着桥柱，终于被活活淹死。再说姑娘因为私奔念头泄露，被父母禁锢家中，不得脱身。后伺机黉夜逃出家门，冒雨来到城外桥边。此时洪水已渐渐退去，姑娘看到紧抱桥柱而死的尾生，悲恸欲绝。她抱着尾生的尸体号啕大哭。阴阳相隔，生死一体，哭罢，便相拥纵身投入滚滚江中，谱写了中国文学史上第一幕惊心动魄的爱情悲剧……

后人常以“立木为信”或“柱下期信”作为守信的代名词，说出的话要算数，作出的承诺要兑现。“不欺人”，这也就是“信”的基本含义。孔子说：“人而无信，不知其可也”、“民无信不立”等，孔子关于“信”的阐述都很简单，但这是他核心的教育理念之一。“子以四教：文，行，忠，信。”（《论语·述而》）孔子用四种内容教育学生：历代文献，社会生活的实践，对待别人的忠心，与人交际的信实。文，行，忠，信，这些东西就是孔子教导学生的基本内容。“忠”和“信”，占了很大的比重。

孔子认为，“信”是“仁”的体现。信既是君子立身、进身的根本，也是为政者治理国家的根本。因此，他强调做人要“言而有信”，要遵守自己的诺言，守信用。他指出：“信则人任焉”，“人而无信，不知其可也”。墨子说：“言必信，行必果，使言行之和，犹合符节也，无言而不行也。”（《墨子·兼爱》）老子说：“轻诺必寡信。”朱熹也讲：“信是言行相顾之谓。”汉代学者扬雄说：“信者，不食其言也。”所以，我们认为，“信”更多地偏重于“外信于人”，是向外、向“真”的外在追求，是个人诚实品格接受考验的外在价值认定。

与“诚”的本体意义相对应，“诚”侧重主体道德修养，荀子说：“君子养心莫善于诚，至诚则无它事矣。”（《荀子·修身》）想要修身养性，没有比尽到诚更重要了。《吕氏春秋·贵信》篇说：“君臣不

车无辕而不行，人无信而不立。——孔子

信，则百姓诽谤，社稷不宁。处官不信，则少不畏长,贵贱相轻。赏罚不信,则民易犯法，不可使令。交友不信，则离散郁怨，不能相亲。百工不信，则器械苦伪，丹漆染色不贞。”

朱熹说：“诚其意者，自修之首也。”(见《四书集注·大学章句》)朱熹认为：“诚意是修身的首要工作，诚心而后心诚。”信“则侧重外在的伦理关系”。《论语·学而》曰：“与朋友交，言而有信。”诚和信固然有一定的区别，但其含义并无太大分歧。在古代，诚与信是可以互训的。东汉许慎编撰的《说文解字》中说：“信，诚也。”又说：“诚，信也。”诚是内在的，主不自欺；信是外在的，主不欺人，诚于内而信于外。没有诚，就不会有信，反之，尽到信，则诚自在其中。

因此，诚与信联结为一个词，表述的是人们诚实无妄、信守诺言、言行一致的美德，要求人们诚实无伪、言而有信。千百年来，诚信一直是中华民族最基本的传统道德要求，对于人际的协作与和谐产生着极其重要的作用。

“唯天下至诚，为能尽其性。能尽其性，则能尽人之性；能尽人之性，则能尽物之性；能尽物之性，则可以赞天地之化育；可以赞天地之化育，则可以与天地参矣。”只有坚持至诚原则，才能充分发挥自己善良的天性；能够充分发挥自己善良的天性，就能感化他人、发挥他人的善良天性；能够发挥一切人的善良天性，就能充分发挥万物的善良天性；能够充分发挥万物的善良天性，就可以参与天地化育万物，便达到了至仁至善的境界；达到了至仁至善的境界，就可以同天地并列为三了。

诚信作为一种美德、一种品质，为我们中华民族世代所信奉。从儒家到墨家，诚信是备受古人推崇的良言箴规，是诸子百家共举的道德标准，关于诚信的积淀在历代的贤达志士中屡见不鲜，中国诚信是对源远流长的历史传统的继承。先秦时期百家争鸣，各学派相互驳难，却一致倡导诚信道德规范，形成了“驳难下的趋同”这一奇特的文化现象。在《论语》中，“信”字就出现了38次，可见儒家对诚信的重视程度。《魏徵传》云：“无诚信，为上则国散；为下则危身。一个人讲诚信，可交；一个企业讲诚信，可敬；一个国家讲诚信，可长久稳固。”诚信是历史的明镜，是当下的基石，也是通往未来的必不能绕过的道德门槛。

以法律为基础
——西方诚信契约伦理

诚信伦理在西方最早产生于宗教，信（faith）原是指人对上帝的内心态度、信念和信赖。在公元前6世纪中期，西方文明发源地的古罗马在法律上确定了“诚信契约”、“诚信诉讼”等一系列法律制度，西方诚信由宗教伦理要求转化为法律原则，并深深扎根于经济生活的土壤中。在西方近现代社会，诚信观则随着商品经济的繁荣，成为经济伦理学的重要原则。

英国古典政治经济学体系的创立者亚当·斯密从经济学和商业的角度谈道：“在契约的信用得不到法律保障，以及不许正当地行使国家权力，来强迫所有有支付能力的人偿还其债务的国家里，商业、制造业几乎不可能长期繁荣发展。”

诚信是现代经济伦理的核心。英国唯物主义思想家托马斯·霍布士就把“守信”作为自然的一个法则。到了大卫·休谟（18世纪英国哲学家、历史学家、经济学家），更是明确地把信任和“许诺”作为重要的行为规则和作为“计较利害”经济交往中的一个基本道德原则提出来。信用在社会经济生活中如果得到充分的表现，社会就和谐，反之，则伦理秩序崩溃，经济和人们生活都将陷入混乱。

在西方，“诚信之德”备受西方传统文化所推崇。米兰·昆德拉在《生命不能承受之轻》中说：“所谓人生，即是周而复始的诚实、友好、信任的给予与被给予。”古罗马的西塞罗曾经说过：“没有诚实，何来尊严。”著名的哲学家弗兰西斯·培根说：“无疑地，从来最有能力的人都是有坦白直爽的行为、信实不欺的名誉。”在西方，诚信的基本含义就是尊重事实和信守诺言，是建立在对诚实守信、互不欺诈的价值观念认同的基础上而形成的人与人之间彼此坦诚相待的关系。有个著名的美国南北战争时期亚伯拉罕·林肯总统的故事：

诚者，天之道也；思诚者，人之道也。——孟子

我不能丢掉良心

1809年2月12日，亚伯拉罕·林肯出生在一个农民的家庭。小时候，家里很穷，他没机会上学，每天跟着父亲在西部荒原上开垦、劳动。他自己说："我一生中进学校的时间，加在一起总共不到一年。"但林肯勤奋好学，一有机会就向别人请教。没钱买纸、笔，他放牛、砍柴、挖地时怀里也总揣着一本书，休息的时候，一边啃着粗硬冰凉的面包，一边津津有味地看书。晚上，他在小油灯下常读书读到深夜。长大后，林肯离开家乡独自一人外出谋生。他什么活儿都干，打过短工，当过水手、店员、乡村邮递员、土地测量员，还干过伐木、劈木头的重力气活儿。不管干什么，他都非常认真负责，诚实而且守信用。他十几岁时当过村里杂货店的店员。有一次，一个顾客多付了几分钱，他为了退这几分钱跑了十几里路。还有一次，他发现少给了顾客二两茶叶，就跑了几里路把茶叶送到那人家中。他诚实、好学、谦虚，每到一处，都受到周围人的喜爱。1834年，25岁的林肯当选为伊利诺斯州议员，开始了他的政治生涯。1836年，他又通过考试当上了律师。当律师以后，由于他精通法律，口才很好，在当地很有声望，很多人都来找他帮忙打官司。但是他为当事人辩护有一个条件，就是当事人必须是正义的一方。许多穷人没有钱付给他劳务费，但是只要告诉林肯："我是正义的，请你帮我讨回公道。"林肯就会免费为他辩护。一次，一个很有钱的人请林肯为他辩护。林肯听了那个客户的陈述，发现那个人是在诬陷好人，于是就说："很抱歉，我不能替您辩护，因为您的行为是非正义的。"那人说："林肯先生，我就是想请您帮我打这场不正义的官司，只要我胜诉，您要多少酬劳都可以。"林肯严肃地说："只要使用一点点法庭辩护的技巧，您的案子很容易胜诉，但是案子本身是不公平的。假如我接了您的案子，当我站在法官面前讲话的时候，我会对自己说：'林肯，你在撒谎。'谎话只有在丢掉良心的时候，才能大声地说出口。我不能丢掉良心，也不可能讲出谎话。所以，请您另请高明，我没有能力为您效劳。"那人听了，什么也没说，默默地离开了林肯的办公室。

美国开国元勋、政治家、科学家富兰克林对信用也极为重视，他提出："信用也是金钱。"他认为，诚信是一种工具，而信用就是金钱。他说过："要记住，信用就是金钱。如果一个人把他的金钱放在我这里，逾期不取回，那就将利息或者在那段时间用这笔钱可以得到的一切给了我。

只要一个人信用好、信誉高，并且善于用钱，这种所得的总额就相当可观。”就是说，信用是一种能为人们带来物质财富的精神资源。

以上这些西方哲人的论述，也透露了西方诚信是以理性为依据、契约为表征和法律为基础的。这是因为西方的诚信是基于人们对利益的追求而产生的，在人们追求利益的过程中发现，如果求利者之间在合作中能以诚相待，按规则办事，排除主观情感成分的干扰，求利者的利益就尽可能最大化。为了保证利益的最大化，西方人更多的是用理性来处理他们之间的关系，用理性维护自己的权利与义务。同时，西方的诚信是以“利”为重要内容的权利义务关系，是市场制度中契约文化发展的产物。它将道德原则的“诚信”纳入契约精神的框架之下。

美国诚信教育

在美国著名的弗吉尼亚大学，有一条规定，每个入学的新生都必须在杰弗逊的铜像面前宣誓，不得背叛荣誉体系，“我以我的荣誉担保，我没有说谎、欺骗和偷窃”。在平时的作业、论文或者考试中，也必须要在首页上写下一段誓言：“我以我学生的名义起誓，我在这次作业（或考试）中没有给予或接受任何帮助。”

美国的诚信教育是从很小的时候就开始的，他们的考试从来不需要监考老师，也不用监视器，因为只要你作弊了，就一定会被同学揭发。被举报作弊会受到严厉的惩罚，所以，在美国很少有学生作弊。或许我们会疑惑，揭发后会不会导致同学关系的破裂？但在美国人的眼里，他们则会认为这是一种正义的表现。美国的父母会在很小的时候，就教育自己的孩子：不能说谎，不能欺骗别人，欺骗是一种很丢脸的行为。

诚信教育与社会惩罚，是美国维系社会诚信的两大政策。有一则典型的案例。几年前，美国一所学校的多名学生在完成生物作业时抄录了某网站提供的一些材料，任课老师就毫不客气地判这些学生的生物课得分为零。这位老师说，第一天上课她就和学生订下协议并由家长签字认可。协议说，所有布置的作业都必须完全由学生自己独立完成，欺骗或剽窃将导致课程失败。支持她的老师们说，教育学生成为一名诚实的公民远比通过一门生物课更加重要。

更简单地说，美国的诚信体系是以严厉的惩罚来维护的。初到美国生活的外国人总会感觉美国人很傻、很天真。事实上，美国人对他人的这种信任，并不是由于他们天性善良，也不是由于像某种“信仰”，而是有符合博弈论的严厉反击为基础的：如果有谁辜负了这种信任，就会付出高昂的代价，从此很难再获得人们的信任。这里存在一个诚信积累的过程，所以美国人不敢轻易撒谎。

（文章来源：《半月谈》）

真者，精诚之至也。不精不诚，不能动人。——庄子在西方成熟市场经济国家，每个人特别是企业家的个人信誉记录是银行和公共机构（如警察局、各种舆论媒体等）的共享信息。信息共享机制使任何企业或个人可以较为便捷地获悉与之发生经济往来关系的企业或个人的信用状况，于是，任何企业或个人过往行为留下的正斜“足迹”将伴随其终身，从而使得他参与的交易具有接近“无限连续”的性质，这也是成熟的市场经济条件下交易行为富有效率的一个重要原因。

在以法律规范为主的西方文化中，“诚信”已不再只是简单的为人之道的一种“内在道德”，而是一种外在的法律制度，一种因其意思表示所引发的应尽义务，在程序上和实体上实现了“诚信”法律化。

诚信载道

第二章 诚信的时代内涵

中国共产党从成立之日起，就既是中华传统文化的忠实传承者和弘扬者，又是中国先进文化的积极倡导者和发展者。

诚信表明一个共产党员对信仰所持的坚定不移的态度、决心和毅力，它是支撑共产党员精神大厦的基石。

一个人讲诚信，可交；一个企业讲诚信，可敬；一个国家讲诚信，可长久稳固。在漫长的历史中，诚信这种古老的美德，曾扮演过重要的角色，诠释着“宽容仁厚”。而在现代商业社会里，它依然不可缺位。

诚信是历史的明镜，是当下的基石，也是通往未来的必不能绕过的道德门槛。

实事求是

——党的思想路线的实质和核心

实事求是一词，最初出现于东汉史学家班固撰写的《汉书·河间献王传》，讲的是西汉景帝第三子河间献王刘德“修学好古，实事求是”。明朝王阳明在宋代朱熹“格物便是致知”、“理在事中”的基础上，提出了“知行合一”的观点，倡导“实事求是”的学风。这原本指一种严谨的治学态度和方法，是一个经学和考据学的命题，也是中国古代学者治学治史的座右铭。

毛泽东等老一辈无产阶级革命家在抗日战争时期，在极其艰苦的条件下，不但创建了我国第一个农村革命根据地，而且培育了十分丰富的党和红军的诚信思想。

1962年是我党坚决贯彻调整方针、经济工作由被动转向主动的一年。在这年年初召开的七千人大会上，毛泽东、刘少奇、邓小平、陈云等领导同志都作了重要讲话。毛泽东同志在讲话中曾说道：“所谓必然，就是客观存在的规律性。在没有认识它以前，我们的行动总是不自觉的，带有盲目性的。这时候我们是一些蠢人。最近几年我们不是干过许多蠢事吗？人家不骂，我们应当自己骂自己。”七千人大会进一步统一了全党各级领导干部的思想，为顺利度过困难时期并争取经济工作的新进展奠定了思想基础。

周总理日以继夜地战斗在调整工作的第一线。在这次七千人大会上，他在福建组有个发言，严肃地提出了“说真话，鼓真劲，做实事，收实效”的问题。他尖锐地指出：“这几年来，党风不纯，产生了浮夸和说假话的现象。我们要提倡说真话。怎样才能做到这一点呢？要大家讲真话，首先要领导上喜欢听真话，反对说假话。如果你乱压任务，结果像同志们所说的，他就会准备两本账，揣摩一下才讲，看你喜欢听什么再讲什么。这的确是一个党风问题。”“从现在起，不要乱压任务、乱戴帽子了。要提倡讲真话，即使是讲过了火的也要听。唐代皇帝李世民，能听魏徵的反对意见，‘兼听则明’，把唐朝搞得兴盛起来。他们是君臣关系，还能做到这样，我们是同志关系，就更应该能听真话了。”

（《谷牧回忆录》）

诚信表明一个共产党员对信仰所持的坚定不移的态度、决心和毅力，它是支撑共产党员精神大厦的基石，是党员干部树立马克思主义世界观的基本要求、坚定理想信念的精神动力和坚持党性原则的根本保证。革命战争年代，无数革命先烈面对敌人的威逼利诱、严刑拷打乃至死亡考验，之所以临危不惧、宁死不屈，就是因为他们有着对共产主义理想和社会主义事业的坚定信仰，始终做到坚贞不渝。和平时期，广大党员干部只有坚定理想信念，才能自觉把党的事业作为奋斗目标，积极为全面建设小康社会添砖加瓦。而要做到坚定理想信念，根本上讲，也是要做到言行一致和思想认识层面上真正对理想信念的坚定不移。

中国共产党从成立之日起，就既是中华传统文化的忠实传承者和弘扬者，又是中国先进文化的积极倡导者和发展者。邓小平自党的十一届三中全会以来，不仅率先倡导重新确立了党的实事求是的思想路线，而且把实事求是的思想路线上升为一个完整而有序的系统。1980年2月，他在党的十一届五中全会第三次会议上的讲话中明确指出："实事求是，一切从实际出发，理论联系实际，坚持实践是检验真理的标准，这就是我们党的思想路线。"邓小平同志曾经说："讲信义是我们民族的传统"，诚实守信，是我们中华民族的传统美德,是东方文明之精华。他指出："实事求是是马克思主义的精髓……过去我们打仗靠这个，现在搞建设、搞改革也靠这个"。"不但中央、省委、地委、县委、公社党委，就是一个工厂、一

言不信者，行不果。——墨子

个机关、一个学校、一个商店、一个生产队，也都要实事求是，都要解放思想，开动脑筋想问题、办事情。”(《邓小平文选》第2卷，人民出版社1994版，第147页。)诚信这一传统美德和精神精华，经过中国共产党人以马列主义、毛泽东思想、邓小平理论和“三个代表”重要思想和科学发展观得以继承和发扬光大，被升华到一个新的境界。

2001年10月，“明礼诚信”被确定为中国公民的基本道德规范之一。中国共产党十六届六中全会公报提出了“加强政务诚信、商务诚信、社会诚信建设，增强全社会的诚实守信意识”。从全面贯彻“三个代表”重要思想的高度，可以更加深刻地认识加强诚信建设的极端重要性。诚信是发展先进生产力的助推器，符合先进生产力的发展要求，不讲诚信是对生产力的破坏；诚信是传统文化的精华，又是先进文化的重要内容，不讲诚信是对传统文化的亵渎，更与先进文化的前进方向背道而驰；诚信体现了最广大人民的根本利益，不讲诚信严重损害人民利益。

2006年3月4日在全国政协民盟民进联组会上，胡锦涛总书记提出：“以诚实守信为荣，以见利忘义为耻。”2007年，胡总书记在“十七大”报告中指出：“大力弘扬爱国主义、集体主义、社会主义思想，以增强诚信意识为重点，加强社会公德、职业道德、家庭美德、个人品德建设，发挥道德模范榜样作用，引导人们自觉履行法定义务、社会责任、家庭责任。”从学习实践科学发展观的角度，加强诚信建设，正是贯彻科学发展观重要思想，构建和谐社会的具体实践。在社会主义新时期，要建设和谐社会，诚信是基础。在和谐社会的六个构成要素中，民主必须在取信于民的基础上才能得到充分发扬，法治的过程也应该是一个诚信的过程；只有尊重和遵守诚信规则，人们的创造活动才能得到保护和发挥，社会才能充满活力；没有诚信与法治作保护，社会秩序就会出现混乱，人的权益就无法得到保障，公平公正就难以实现，安定有序就会成为空话；唯有在诚信的基础上，人与人之间才能坦然相处，也才能建立起良好和谐的人际关系。

道德基石

——诚信与社会主义核心价值体系

三代人演绎一段诚信传奇

106位债主，110万元巨额债务，父亲细心保存12年的借据，年迈祖母念念不忘还债。广东省饶平县汫洲镇36岁青年林良旭出公告寻找债主，拿出多年打工创业几乎全部的积蓄，替父还清债务，演绎出一段感人的诚信传奇。

“还清了吗？全部都还清了吗？好，好，那就好！”昨天，隔着话筒，林良旭仍能感觉到父亲林志林那边平静语调下的巨大情感起伏。放下话筒，静静望着窗外洒满阳光的街道与行人，林良旭觉得一阵前所未有的轻松与宁静。是啊，12年过去了……

1995年，广东省饶平县汫洲镇汫南人林志林轻信一位朋友的话，拿出自己做小生意多年的积蓄，并向亲戚朋友广筹资金，让这位朋友拿去做钢材生意。1997年，朋友生意失败，为了避债，仓皇出逃，不知所终，这给林志林一家留下了巨额债务。随着债权人的起诉，法院将林志林所有财产进行拍卖，拍卖款用于偿还部分债务。面对追债和内心的愧疚，林志林一家无奈离开了生长与热爱的家乡，来到汕头租房居住，开始了风雨飘摇的生活。

那年，林良旭26岁，看着原本安稳温馨的家仿佛一夜之间就消失，他感到迷茫和失落。为了减轻家庭负担和增加经济收入，他和妻子一起随朋友到北京打工。

到北京后，林良旭两口子都各找到一份工作，他每月工钱550元，妻子450元。房租、柴米油盐、交通、医药……打工的生活无疑是艰苦的，小两口省吃俭用，恨不得一分钱掰成两半花。

“到底家里负了多少债？”这个问题一直压在林良旭心里。几年后，他慢慢有了一点小积蓄。尽管他多次向父亲追问，父亲却一直不说欠了多少债，只告诉他，不要急，债我们一定要还，这债我们一定还得起。80多岁的奶奶也对他说：“做人讲诚信，我相信林家子孙一定能把钱还清。”

善不由外来兮，名不可以虚作。——屈原

2001年，林良旭辞去工作，拿出积蓄与朋友合开了一家店。由于经营有方，为人诚信，林良旭的生意越来越好，日子慢慢地好起来，偿还家庭债务的念头越来越强烈，但看到逐渐走上正轨的生意，心里有时又感到矛盾。

2007年，林良旭回家探望父母。父母与奶奶三人还住在出租屋里。此时父亲已经68岁。奶奶也92岁了，身体也大不如前，经常生病。奶奶拉着良旭的手说："我们林家一直人 很好，不要让欠债坏了我们的名声，我希望在我活着的时候，能看到所有的债都还清，给父老乡亲一个交代。"

"到底我们欠了多少债？"林良旭再次问父亲，父亲没有说话，默默地从房里拿出一个塑料袋。打开塑料袋，良旭看到的是一叠厚厚的借据以及一本有详细记录的本子。虽然历经12年，借据的边角已经泛黄，但可以看得出经过精心保护，纸张保存得非常好。其中有一两份可能由于被蟑螂咬过，还特意套上一个小塑料膜装好。

看到这叠12年来被仔细保存的借据，林良旭心里一阵翻腾，深刻感受12年来父亲面对他追问时一直所说的话：欠债是一定要还的，我们一定能还清。

放下生意，筹集多年来积攒的几乎全部资金，林良旭从北京专程赶回。受父亲委托，今年9月18日，林良旭独自一人回乡清理债务。但由于多年离乡，不熟乡情，父亲当年许多债权人林良旭都不认识。于是，他一方面请一位族叔帮忙，委托其代理清债，另一方面发布"敬告"。

9月22日至24日，汫洲镇有线电视台连续几天播出一则"敬告"，大意是借款人林志林敬告各位债权人，请持原始借款凭证到汫洲镇某街办理手续，领取借款金额。这一则"敬告"迅速在汫洲镇传开，引起人们的广泛关注。

白发苍苍的老婶来了，拄拐的老伯来了，还有作为代表的年轻人也来了……林良旭热情而礼貌地接待着每一位当年给林家予以帮助的人。12年过去了，许多债权人都想不到还能拿回欠款，有的甚至早就忘了。望着林家这位朴实的年轻人，大家感慨良深。

因为已过去12年，有的债权人的借款凭据已经找不到了，有的当时就没有凭据。这时，父亲林志林保存的单据及记录本发挥了作用。林良旭根据借据存底和记录，一笔一笔地核实、付清。共106位债权人，110多万欠款。

昨天中午，最后一笔债务从记录本上删去了。此时，窗外正阳光灿烂。

（《潮州日报》2007年10月1日刊载）

党的十六届六中全会的《决定》第一次提出建设社会主义核心价值体系的战略任务，2007年10月召开的党的“十七大”首次将“建设社会主义核心价值体系”纳入报告中。报告指出：社会主义核心价值体系是社会主义意识形态的本质体现。提出要切实把社会主义核心价值系融入国民教育和精神文明建设全过程，转化为人民自觉追求，积极探索用社会主义核心价值体系引领社会思潮的有效途径，增强社会主义意识形态的吸引力和凝聚力。

社会主义核心价值体系是社会主义制度的内在精神和生命之魂，它决定着社会主义的发展模式、制度体制和目标任务，在所有社会主义价值目标中处于统摄和支配地位。没有社会主义核心价值体系的引领，构建和谐社会、建设和谐文化就会迷失方向。

任何社会都有自己的核心价值体系。所谓价值体系即主体以其需求系统为基础，对主客体之间的价值关系进行整合而形成的观念形态，集中体现主体的愿望、要求、理想、需要、利益等。任何一个社会都会出于自己的需要，提出自己的核心价值体系。在中国古代，先秦典籍《管子·牧民》就提出过“国之四维，一维绝则倾，二维绝则危，三维绝则覆，四维绝则灭。倾可正也，危可安也，覆可起也，灭不可复错也。何谓四维，一曰礼，二曰义，三曰廉，四曰耻”。后来，“礼义廉耻，国之四维”之说融入儒家礼教思想之中，成为中国封建社会的核心价值体系。

社会主义核心价值体系是社会主义意识形态的本质体现，是全党全国各族人民的思想基础。诚信是构建社会主义核心价值体系的道德支撑，这不仅由于它是中国传统道德观的重要内容，更是由于诚信是构建社会主义核心价值体系的内在要求和必要条件，培养诚信品性的重要性是显而易见的。在现代社会，诚信品性和诚信行为不仅是个人立身行事的根本，也是社会公共秩序得以维持的基石。缺少诚信的保障，市场经济的资源配置优势就会迅速消失，社会主义核心价值体系构建的基石就难以稳固。

当前，我国正在全力推进社会主义核心价值体系建设，包括四个方

小信诚则大信立。——韩非子

面的基本内容，即马克思主义指导思想、中国特色社会主义共同理想、以爱国主义为核心的民族精神和以改革创新为核心的时代精神、以“八荣八耻”为主要内容的社会主义荣辱观。树立和践行社会主义核心价值体系，形成全民族奋发向上的精神力量、团结和睦的精神纽带，是增强民族凝聚力和国家软实力的必然要求；将诚信建设作为抓手和重要切入点，是加强社会主义核心价值体系建设的重要课题。

在面临经济体制深刻变革、社会结构深刻变动、利益格局深刻调整、思想观念深刻变化的新形势下，人们思想活动的独立性、选择性、多变性和差异性不断增强，社会思想多元多变的趋势更加明显，社会舆论形成和传播的渠道日益复杂，对以社会主义核心价值体系引领人民思想、引导社会思潮、促进社会和谐提出了新的更高的要求。学有榜样，见贤思齐。层出不穷的英模人物是社会主义核心价值体系的实践者和承载者，上文中讲述的“三代人演绎一段诚信传奇”，因为他们的信诺让人感动。他们虽然只是“普通”的社会一员，但在他们身上，处处散发着激发人们奋发向上的精神力量。他们用自己对诚信的毅然坚守，生动演绎着传统文化精神与时代精神的深意；他们用自己坚定的理想信念、高尚的道德情操，诠释着社会主义核心价值体系的本质要求；在他们身上，展现着当代中国人的理想、信念、追求和责任。

“历千百而不磨，期一言之必践。”中国人历来有“道不远人”的古训，也从来不缺少重情信诺的思想资源。在新的历史条件下，在推进社会主义核心价值体系建设中，诚实守信作为完善社会主义市场经济体制，构建社会主义和谐社会的必然要求，更要充分发掘重情信诺的历史内涵和现代价值，在全社会树立一个道德标杆，弘扬一种主流价值理念，倡导一种正确人生观和价值观，大力弘扬诚信美德，开展诚信教育，使诚信为本的理念深入人心，引导人们将社会主义核心价值理念内化为自己的具体行为，鼓励社会大众自觉做社会主义核心价值体系的实践者和引领者。

社会责任
——诚信与和谐社会发展的关系

伴随着创建和谐社会与可持续发展等理念成为主流思潮，企业社会责任在整个社会组织的责任体系中发挥着越来越重要的作用。从社会学视角来看，企业承担社会责任是企业作为企业公民必须承担的责任，企业的社会责任制度是规范企业行为的要求也是构建和谐社会的要求。公司是现代社会中最先进的企业形式，其经营行为极大地影响着市场经济的秩序，甚至决定着社会发展的进程。

企业的社会责任是以社会本位为出发点，认为企业目标应该是二元的，除实现股东利益最大化外，还应尽可能地维护和增进社会公共利益。更有专家直接表述为：企业的社会责任主要在“诚信”二字，体现在四个方面：一是对政府的诚信，即遵守国家的政策、法规以及相关的标准；二是对客户的诚信，提供优质产品和服务；三是对社会的诚信，要依法真实地向社会提供必须提供的信息，关心社会公益事业；四是对员工的诚信，要加强企业健康向上的文化建设，保障企业员工的合法权益，促进企业内部和谐。

诚实信用原则的最终功能是社会的和谐与稳定。随着经济的发展，诚信的适用范围不断扩大，不仅关系到社会秩序的稳定、利益的公平分配、更由于其强调对个人内心真意的探求和尊重，促使人们不断进行自我完善、自我提升，诚恳待人、与人为善，最终成为宝贵的民族精神。

“和谐”是我国传统文化的根本精神，从《尚书》、《周礼》到《说文解字》，和谐都意味着各种事物有条不紊、井然有序和相互协调，即《中庸》里说的“致中和，天地位焉，万物育焉”和《周礼》中说的“以和邦国，以统百官，以谐万民”。和谐社会是中华民族始终追求的目标，在当代中国，和谐是社会发展的一种理想目标和价值取向。

胡锦涛同志指出：“我们所要建设的社会主义和谐社会，应该是民主法治、公平正义、诚信友爱、充满活力、安定有序、人与自然和谐相

言无常信，行无常贞，惟利所在，无所不倾，若是则可谓小人矣。——荀子

处的社会。”“一个社会是否和谐，一个国家能否实现长治久安，很大程度上取决于全体社会成员的思想道德素质。没有共同的理想信念，没有良好的道德规范，是无法实现社会和谐的。”这两段话概括了和谐社会的基本内容，说明了包括诚信在内的公民道德与和谐社会的密切关系。诚信作为人际和谐的情感纽带，成为构建社会主义和谐社会的道德基础。从一定意义上讲，诚信已超越个人道德修养的范畴，进入公民道德领域，成为社会普遍确立的公民品格。诚信在构建社会主义和谐社会中的意义体现在以下几个方面：

第一，和谐人际关系的建立，诚信是基本评判准则。诚信既是一个道德准则，也是一个法律准则。诚实守信是中华民族的传统美德，我们不但要加以继承，而且应当进一步发扬光大。实践中，只有人们之间互帮互助、诚实守信、平等友爱、融洽相处，人际之间以诚相待，才能处理好各种矛盾，使人们各尽其能、各得其所。因此，以诚信为重点，正确处理义与利的关系、竞争与协作的关系，重塑适应新时期、新阶段的新型人际关系，是构建和谐社会的一个重要任务。同时也是和谐社会的一个基本标志。

第二，维护市场经济秩序，诚信是基本的规范。市场经济的基础就是诚信已成社会共识。用诚信道德引导和规范经济行为，是市场经济条件下构建社会主义和谐社会的一个重要手段和目标。市场活动中，要求市场主体双方以信用作为守约条件，但同时，市场经济又具有追求利益最大化的属性。目前，由于社会主义市场经济体制的不完善，在市场中存在着大量的失信现象。失信行为也正从经济生活领域蔓延到政治、文化及人际关系领域，并由此滋生了权钱交易等腐败现象。这些都严重影响到社会的发展。因此加强经济生活中的诚信建设，关系到社会主义市场经济建设的成败，关系到和谐社会建设的经济基础。

第三，政府公信力的提升，诚信是重要因素。政府的诚信关系民主法治、公平正义，影响着政府的公信力，决定着和谐社会的建设。目前我国社会的诸多矛盾，或多或少总是和政府的职能有关联。在我们这样一个政府主导社会生活的方方面面，全体国民又无时无刻不对政府存在着最后的依赖心理的客观现实中，政府的诚信就显得尤为重要，因为她既是人民的领路人，又是人民行为的评判者。这就要求她必须是诚信的，这是她合法存在的最基本的道德基础。政府的诚信建设，一是体现在制度的公正性层面；二是表现在政府行为的诚信层面。制度公正是政府公信力的基础。制度不公会导致社会权利与义务的不平等，引发社会利益分配失衡或利益冲突，并为各种不法行为、失信行为提供滋生的土壤。因此，现阶段坚持科学发展观，处理好“五个统筹”的关系，通过加强制度建设解决分配公正、司法公正、教育公正等群众特别关切的问题，是诚信政府建设的重中之重。但是，符合社会公正的制度，要通过各级政府及其工作人员去维护和实施，其实施的状况以及由此形成的政风，决定着政府的公信力和形象。在现实生活中，不能做到依法行政、公正执法以及缺乏责任意识、扭曲政策、官员腐败等，都影响着政府的公信力。因此，诚信政府建设，关系到社会信用体系的建立，关系到社会诚信道德水平的提升。

第四，诚信是我们的核心价值观念之一，是保证我国政治、经济、文化和社会建设协调发展的精神支撑。胡锦涛同志指出，和谐社会几个特征是相互联系、相互作用的，需要在全面建设小康社会的进程中全面把握和体现。其中，民主法治是政治方面的明确要求，公平正义是社会价值目标，当前可能更多地表现为经济方面的价值目标，安定有序是社会组织和管理方面的任务，充满活力是社会建设多方面努力的综合成果，和谐相处是对处理人与人、人与自然关系的具体要求。这些目标的实现，都离不开诚信道德的规范、支持和维护。如果一个社会不能在公民中普遍地培育起诚信的道德素养，其政治、经济、文化等各方面的关系就不可能协调，人与人之间就不能做到平等友爱、融洽相处，社会生活就不能充满活力、安定有序。从这个意义上说，诚信道德状况直接关系到整个和谐社会的建设。

现阶段，我国将诚信建设提升到空前高度。实践表明，现代社会是诚信需求日益增长的社会，市场经济是信用经济、法制经济。全面建设惠及十三亿人口的更高水平的小康社会，改革将更加深入，开放将更加扩大，经济将更加发展，民主将更加健全，科教将更加进步，文化将更加繁荣，社会将更加和谐，人民生活将更加殷实，这些都迫切要求在全社会营造诚信的环境，完善诚信的制度。新世纪新阶段，加强诚信建设愈益成为一项关乎我国经济和社会发展的重要任务。

言而必有信，期而必当，天下之高行也。——《淮南子》

中篇　布道

古语云："入芝兰之室，久而不闻其香；入鲍鱼之肆，久而不闻其臭。"在企业呆久了，你也许感受不到企业文化氛围，更难捕捉到这种氛围传达出来的"力度"。但外人却可以以一叶知秋的"叶"来感受和体验公司企业文化近乎于"场"的力量的独到之处。

昆明机场正是以"诚信机场"创建为依托，在全机场范围内宣贯、弘扬诚信文化精神，使全体员工诚信意识、诚信行为"枝繁叶茂"，并进一步将诚信文化融入到机场科学管理和云南大民航建设中，以"人和"的气场，誉满华夏。

诚信载道

第一章

机场诚信的价值

诚信是现代市场经济运行中的一种重要的资本形态，是企业的无形资产和品牌，一定程度上构成了企业的核心竞争力和创建企业品牌的基石，蕴藏着巨大的经济价值。

“诚招天下客，誉从信中来”。企业适者生存，诚信是其根本。一种产品在顾客心中良好形象的形成需要经年累月，但打破它却可能在一瞬间，企业应该像爱护生命一样珍惜自己的产品形象。

企业只有以诚信开拓市场，才能占有更多市场份额，企业的综合竞争能力才会越来越大，以诚信取信于民、取信于市场，企业的市场占有率才越高。

国家富强靠经济，经济繁荣靠企业，企业兴旺靠管理，管理关键在文化。

技术、高科技可以学，制度可以制定，但包括企业全体员工内在的追求、内在的道德诚信这样一种企业伦理层面上的东西却是很难移植和模仿的。

诚信，作为企业文化的重要组成部分，孕育于企业文化，扎根于企业文化，渗透于企业文化，是机场企业文化的核心。

诚信是机场健康发展的财富

诚信是企业经营行为中的基本原则，也是最高境界。现代企业伦理中的诚信原则是企业精神的重要组成部分。诚信之道乃企业立身之本、兴业之道。它不仅显示着企业的经营理念，更折射着经营者的品德和可信度。诚信能给市场主体赢得崇高的声誉，这种声誉是企业效益的源泉，是企业生命力的不竭动力。中国历史上商业文化气息最浓厚、经商业绩上最突出的两大商业群体的晋商和徽商，笃信“以诚待人”、“以信接物”，并不只是因为他们深受儒道的影响而想获个好名声，更根本的原因在于他们体味到，经营过程中讲诚信，不欺诈，才是他们真正的生财之道，可以给他

们带来源源不断的丰厚回报。

在现代社会中，诚信不仅仅是作为一种社会公德，也是企业创造价值的无形资本。因此，诚信不仅是作为建立在社会公正之上的社会公共诚信，也是企业和市场、企业和社会之间重要的商业诚信。市场经济条件下的商业诚信，它所关注的不只是对自己所作的许诺，而更看重的是对他人所作的承诺，其核心不仅是“主观之诚”，更是“客观之信”。这是企业在社会中不可或缺的诚信品质，同时，倡导诚信、拥护诚信也是对社会主义核心价值体系最好的呼应和执行。

杰克·韦尔奇说过：“我并没有把企业利润放在首位，却总是能够赢得非凡的利润。这说明诚信、品牌、核心竞争力是一条价值链：有诚信才有品牌，才有竞争力。诚信是品牌和企业竞争力的基础。在客户经济时代，诚信是链主：以诚信面对客户、服务客户，这是企业制胜的法宝。”联想公司总裁柳传志说：“诚信是当今中国企业界的稀缺资源。联想由于讲诚信，目前坏账率不到万分之五。诚信是日积月累一点一滴做出来的，联想是先做出来再说，时间长了人家就信了。”要想真正发挥诚信的价值，就必须让诚信成为一种良好的习惯。真正将“诚信”渗透到企业经营发展中去。

服务质量决定着机场的发展和未来，是再造企业核心优势的基础，是为顾客创造价值的途径，是为企业创造效益的支柱。对机场而言，最大的竞争优势就是具备良好的服务。由于旅游模式的转变，机场不再只是登机的地方，而是整个旅程体验的重要环节。

随着昆明机场各项业务量的递增，安全、服务工作压力增强。航空客流提升后，服务对象增加，旅客层次不一，航空旅客由原来的以商务和旅游旅客为主的高端旅客转向社会各个层面，致使机场服务愈来愈多样化和大众化。同时随着各机场竞争的加剧，服务需求不断提升，机场的服务项目需要进一步创新，服务思路需要进一步转变，以创造更好的环境和条件吸引更多的航空公司和开发更多的航线。

昆明机场作为国家门户枢纽机场，目前已开通航线263条，其中国内航线221条，国际、地区航线42条。昆明是连接中国与东南亚、南亚最便捷的通道之一，是中

与人以实，虽疏必密；与人以虚，虽戚必疏。——韩婴

国飞往印度洋区域最快捷的航路之一，以昆明800公里为半径的范围，有近30个国内外机场，昆明机场处于各机场辐射航线的交汇点，具有极强的集散优势。但在昆明新机场建设竣工前，昆明机场硬件设施不足的“瓶颈”仍将存在。1999年设计年旅客吞吐量800万人次的昆明机场候机楼，2010年已承载年旅客吞吐量2 019万人次的高限，保障能力受到极大的挑战和重压。

作为航空运输体系中的昆明机场，其产品是在安全的前提下，为航空公司、旅客、货主和社会各界提供方便、快捷、舒适的优质服务。在市场经济下，越来越强调不同的机场文化为服务赋予的个性化特点，顾客的主客观需要迫切要求机场进行持续的服务创新。昆明机场在不断总结的基础上，以创建诚信机场为突破，围绕诚信目标，通过管理、制度、技术、建设、服务、人才等一系列诚信、创新的实践，弘扬诚信美德，加大设施投入，营造诚信服务、诚信经营、诚信管理的氛围，对内有效提高昆明机场服务质量和保障能力，对外树立昆明国际机场良好的服务品牌，创造出昆明机场一个个辉煌的业绩。

表现之一，创建诚信机场以来，昆明机场为提升整体服务品质，履行诚信机场的承诺，累计投资约2.24亿元进行增容改造。新建17 260平方米的两层式候机楼，160米连接老候机楼与商务候机楼间的“空中廊桥”，16 543.3平方米的服务车道，13 781.5平方米的停机坪；扩建并新设了旅客办票大厅，新增了22个值机柜台、9个安检通道、10套行李设备及配套设施；改造了约13 700平方米的国际候机厅、国内进港大厅、老候机楼1层VIP贵宾区及中转厅；机场停机位增至63个；扩建了“八一”停机坪；完成了“八一”候机楼的改造工程。昆明机场在周边条件复杂的情况下，通过多项硬件设施的建设、改造，使机场的运行保障能力得到极大的提升，最大限度地为旅客创造了安全、舒适、快捷的候机、登机、到达等服务。

表现之二，根据国家民航局公布的国内民航主要机场航班正常放行率统计，全国民航主要机场平均放行率为93.33%。

其中昆明机场航班正常放行率为97.64%，高于北京、上海、广州、深圳、成都等机场，名列全国七大机场之首。比昆明机场开展创建活动之前提高了30多个百分点。

表现之三，旅客有效投诉率明显降低，旅客满意度大幅度提升。根据《零点航服指数——中国公众航空服务传播指数2010年度报告》显示，基于顾客与民航业直接或间接及互动过程中形成的感受和印象，对机场在数个可感知维度上的整体服务水平进行量化评估，昆明机场身小业精表现突出，有乘机经历者对昆明机场尊重旅客利益的感受度较强，印象感知度突出，信任度较高，从服务指数看，和首都国际机场、上海浦东国际机场一起位列全国机场前三位。

表现之四，昆明机场员工的诚信意识明显增强，好人好事和典型事例、服务明星不断涌现，昆明地区民航各单位协作配合进一步加强，共赢局面凸显，旅客、公众和媒体普遍认为，创建诚信机场使昆明机场服务水平得以显著提高。

表现之五，昆明巫家坝国际机场荣获“中国机场文明服务旅客（消费者）满意十佳品牌，云南机场集团有限责任公司被评为云南省 “十大诚信企业”，展示出昆明机场作为昆明国际旅游城市的优质服务窗口和精神文明旗帜的亮丽风采。6年来，昆明机场先后荣膺中国消费者协会“诚信承诺践诺先进单位” 、“中国机场文明服务旅客（消费者）满意十佳品牌”、“中国品牌企业500强”、“全国消费者满意首选品牌”、“中国自主创新最具影响力品牌” 等荣誉称号50余项，荣获昆明市、云南省和全国“文明单位”称号；涌现好人好事15 320件，先进典型事例2 278起；获得锦旗、感谢信165份；被评为诚信集体154个，被评为先进班组190个，被评为先进个人428位。

如果将昆明机场比作一部书，诚信就是这部书的书脊；如果将昆明机场比作一首歌，诚信就是这首歌的灵魂；如果将昆明机场比作一座高楼大厦，诚信就是这座高楼大厦的根基。有书脊，书才能成册；有灵魂，才能唱出真情；有根基，高楼大厦才能坚实宏伟；有诚信，机场才能有核心竞争力。

昆明机场的诚信，涵盖其理念与实践，涵盖其追求与坚持，涵盖其

人之所以为贵者，以其有信有礼；国之所以能强，亦云惟信有义。——张九龄

对旅客和客户的诚挚、员工对机场的热爱与忠诚。多年来，昆明机场在诚信中建设、在诚信中奉献、在诚信中发展、在诚信中升华，以务实的工作态度、至诚的服务理念，积极参与到市场竞争中，不断改进和创新经营思路，不断巩固诚信建设，维护机场良好信誉，从而推动昆明国际机场信用服务体系不断发展，树立并完善打造昆明“诚信机场、诚信服务”的良好品牌形象，努力实现昆明国际机场可持续协调的发展状态的创建“诚信机场”最终目标。

“诚招天下客，誉从信中来。”企业适者生存，诚信是其根本。一种产品在顾客心中良好形象的形成需要经年累月，但打破它却可能在一瞬间，企业应该像爱护生命一样珍惜自己的产品形象。企业唯有恪守诚信，履行承诺，才能赢得顾客的信任。企业要想在商品竞争中获得良好的经济效益和长久的发展，只能够靠诚信树立自己的形象而不能够欺诈和蒙骗。只有健全全社会的信用制度，大力倡导全社会的信用意识，对促进社会主义市场经济健康发展和创建一个美好、幸福、温馨的和谐社会，以及建设有中国特色社会主义的市场经济有重要的意义和现实价值。

诚信是机场企业文化的核心

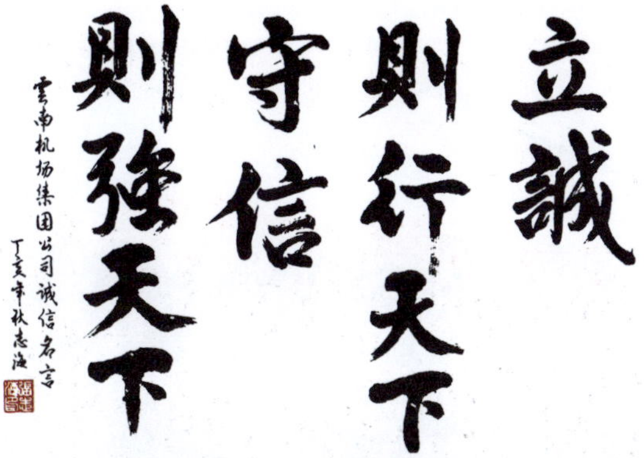

企业文化是企业管理走向成熟的标志，是改革发展的强大推动力，是员工思想和行为的精神黏合剂。一个没有自己独特而优秀的文化品格的企业，注定不会是一个充满创造力和生命力的企业，更不可能成为经久不衰的“百年老店”。实践证明，无论是中国的“老字号”，还是历史悠久的世界企业巨擘，这些百年老店之所以基业长青，都是因为有一种优秀的企业文化在作支撑。

国有企业尤其是大型国有企业如何培养并强化自己独特而卓越的企业文化，并使之与企业的管理创新紧密结合，形成合力，推动企业核心竞争力和经营绩效的持续提升，一直是国企老总和相关领域专家学者探索的一项重大课题，强有力的企业文化在任何时候都是关系到企业发展后劲、决定企业在市场中制胜的关键因素。

享誉世界的管理学大师彼得·德鲁克说：“管理以文化为基础。”

文化自觉是一种具有高度人文关怀和社会责任感的文化理念。文化作为一种精神状态，是人们第二本能的自然流露，而文化氛围的形成是一个长期熏陶和涵养的过程，是渗透于企业组织各方面、各层次的价值观念、思维方式和行为习惯。诚信是企业文化最基础的要素，是现代企业等经济组织的文化建设的核心内容。企业诚信，孕育于企业文化，扎根于企业文化，渗透于企业文化，是企业文化不可或缺的重要组成部分。企业文化是企业的灵魂，它通过向员工宣传统一的企业价值观而将他们凝聚在一起，这些价值观影响着员工的生活方式、行为方式和价值信念。

古之所谓正心而诚意者，将以有为之。——韩愈企业是树，文化是根，企业文化在企业的经营发展中具有无可替代的核心作用，正所谓“欲求木之长者，必固其根”，是实现企业战略的重要保证。多年来，昆明机场在企业文化建设中将诚信作为战略管理，融入企业管理、思想政治工作和精神文明建设的全过程。并结合企业的经营发展战略，把魂附在机场改革、发展、建设的中心环节上，实现安全、效益、服务目标，起到品牌、形象、名片的作用。

企业文化建设不是说给别人听、摆给人家看的，其目的是要发展企业、壮大企业。云南机场集团的吉祥物是小蜜蜂，选择蜜蜂作为吉祥物，因为它是一个飞行物，同时它具有奉献、勤劳、团队精神、牺牲精神。主题歌曲《酿蜜之歌》有三层意思，第一层意思是从时间的跨度上来讲，机场的工作是一天从黎明到黄昏，一年是从夏秋到冬春的航班两季，从现实和历史来看是从现在到未来，我们既忙碌着，也快乐着，既守护着放飞着飞机，也放飞着希望，它采撷的是希望，跨越的是时空，追逐的是梦想。第二层意思是蜜蜂的生存环境，七彩的云南，神奇的高原，旅游的天堂，采用比喻的手法，表现我们的员工在平凡的岗位上，建设温馨的空港、美丽的家园。第三层意思是我们从事的是甜蜜的事业，幸福的追求，机场集团为员工的成长成才搭建了平台。三个层次体现了我们既有飞翔的渴望，也体现了我们服务于这个时代，通过我们的服务创造一个平安、和谐的社会、和谐的企业，从而实现吉祥、平安的目标。小蜜蜂生长在风景如画的地方，这是我们成长的地方；只要我们酿出了蜜，我们就是在酿造生活，既是为自己也是为他人、为社会，所以这也是我们成功的地方，这就揭示了云南机场人就应该是具有团结、奋进、勤劳、勇敢、奉献精神，像蜜蜂一样的人。我们在酿蜜，是为我们的社会公众提供一种体现时代精神的优质服务。从这些层面来理解，我们推出的《酿蜜之歌》，这不是唱给外人听的，而是机场员工的心声，需要我们每一位员工从心灵深处去理解，是我们员工认同并唱响的主旋律。

空洞的口号、铺排的文字、华丽的说辞不是企业文化，企业文化建设要立足于企业实际，符合企业定位。企业文化建设对于机场统一内部“系统做事原则”，同时激活组织与队伍，实现系统变革，全面提升企业核心竞争能力，迅速形成整体竞争优势具有现实而深远的意义。企业文化关键在“建设”。建设得好，才能真正发挥它的巨大作用，建设得不好，只能是“花架子”、“富摆设”。在推进企业文化建设过程中，昆明机场把企业文化建设当做机场的“精、气、神”工程，以“诚信机场”创建为突破口和出发点，明确职能、职责，制定了切实可行的建设方案，把企业精神、经营理念变成具体的、可操作的行为规范，用符合文化理念的管理机制引导、规范企业和员工行为，使企业文化建设和思想政治工作、精神文明建设、云岭先锋工程等工作的结合，体现出区别于其他企业的“个性”。经由积淀、塑造、传播和评估这四个环节，昆明机场逐步推进自身的企业文化建设，形成了完整、独特、强有力的企业价值理念体系，营造了具有鲜明个性特征、与市场经济体制相适应的昆明机场文化和管理创新机制，实现了以文化资本的增值驱动物质资本的增值，使企业发展获得了长久的内在驱动力。

“诚信”作为昆明机场企业文化的核心和精髓，机场党委把诚信经营的理念，由表面的感性、知性，变成深层次的理性思维，融入员工的潜意识中，从细微之处入手，进行诚信管理，把诚信贯穿机场安全、服

信犹五行之土，无定位，无成名，而水金木无不待是以生者。——朱熹

务、效益、发展的各个环节，对每一个组织系统、每一项活动、每一个流程进行诚信管理，以诚信来指导机场的管理和发展，在管理和发展中体现诚信的文化内涵。通过打造企业诚信文化来吸引航空公司、旅客和货主。通过正确地理解诚信理念的核心，尤其是诚信的义利观；构筑诚信制度体系，促进诚信文化建设；弘扬诚信文化，遏制反诚信文化的泛起和盛行；建立开放的环境，培育员工诚信行为，重视操守形成，提升精神境界，以创建学习型组织为载体，培养员工主动学习精神和诚信服务精神，建立起持久的诚信工作信念。昆明机场通过“创建诚信机场、创新服务品牌”，高扬起诚信文化的大旗，采取有力措施推进诚信机场的道德建设，不断积淀和深化机场的文化内涵。

结合传统美德教育，加强机场文化建设和诚信教育。企业文化是机场企业能够立身于社会所必需的精神支柱，优秀的文化能够为员工提供理想的精神家园，并形成强大的凝聚力、感召力，在一定程度上提升机场生存的质量和发展速度。先进的机场文化应该以精神凝聚，以教育保证，以舆论引导，以典型激励，从而对内产生强大的凝聚力和向心力，对外树立诚信的社会形象，达到争取客户、赢得市场、提高效益的目的。将诚信置于整个道德体系中来共同建设，将诚信教育同中华民族传统美德教育结合起来。中华民族历来讲仁爱、礼让、重义、轻利，在这些传统道德观念中注入时代精神，使之在市场经济条件下发扬光大。市场经济条件下，用智慧去分辨在机场活动中的各种行为，推己及人，互利互惠，实现双赢，也是诚信的要求和体现。这样，讲诚信才会有充实的内容和深厚的基础，诚信才能形成社会风气。

健全诚信监督制约机制，加大失信处罚力度。机场诚信建设任重道远，内涵丰富，涉及法治管理、道德回归、机场整体形象的提升以及先进机场文化与社会文化的交融等多个面。从社会环境和层面推动机场行业建立良好的信用体系，除依靠法律、法规外，还必须依靠行业的自我管理和自我约束。因为法律、法规在机场服务、经营行为中只能规定被管理者应该做什么、不应该做什么或禁止做什么，却无法量化机场从业人员的事业心和责任感，更无法考量其诚实和信用。机场行业完全不是一般的企业，而是特殊的服务行业，只有建立在诚信之上的法律、法规才能真正发挥其作用与威力。因此，机场监督管理人员必须围绕诚信优质服务来健全各项规章制度，严防失信行为的发生。如弘扬诚信美德，营造诚信服务、诚信经营、诚信管理的氛围，满足个性化服务、体验式服务的发展趋势，实现与国际惯例接轨。如果出现重大失信违法行为，除依照法律、法规严厉惩处之外，必须列入无诚信企业黑名单，逐步建立并执行“一次违法违规，终身退出市场”的行业自律规定。同时，充分利用大众传播媒介，正面宣传报道诚实守信、遵章守法的经营机场，用舆论的力量来进一步规范、引导机场行业的诚信建设沿着正确的轨道发展。

扩大诚信建设的深度和广度。诚信建设是一项长期的重要任务，影响诚信建设的因素涉及社会、机场及员工本身的各个方面，它又是一个复杂而艰巨的工程，因此，在诚信建设中，始终加强对诚信建设工作的深度和广度十分重要，要全面渗透到机场及相关驻场单位每一位员工的心中。在诚信建设的过程中，要始终保持对诚信建设的高度关注，及时掌握企业在发展过程中的波动带来的对员工诚信观念的影响，同时，紧密关注社会变革、社会总体价值取向的变化给员工带来的影响；在诚信建设的过程中对员工思想观念方面的变化要加强指导和引导，随时校正企业及员工的行为，始终做到按照机场诚信原则和制度坚持不懈地开展工作，使诚信贯穿机场行为的始终，成为一种企业文化。在诚信建设的过程中，要始终坚持有专人负责，逐步建立诚信的定期评估机制，对机场的诚信状态进行评估，对诚信信息进行分析，查找影响诚信的要素，提出诚信建设的改进意见，其中包括各项制度的完善和改进，对有关业绩评价、奖罚机制内容和方法的修正等，使之始终与诚信的有机实现相一致。在日常管理行为实施的过程中要始终贯彻诚信机场创建的路线方针，将诚信体现在工作的每一个环，从而使讲诚信、践诚信成为员工的自觉行动。只有这样，深入创建诚信机场才能持续，才能使机场塑造出经久不衰的良好形象，形成品牌，在竞争中快速健康发展。

以诚感人者，人亦诚而应。——程颐

BOEING
昆明
KUNMING

诚信载道

第二章

机场诚信的意义

纵观国际大型知名企业的发展，有一个共同的特点就是具有无可比拟的软实力。企业发展生存的空间并非随着企业生产规模的扩大而扩大，一个企业要持续、稳定发展，硬实力是重要基础，但起决定作用的是软实力。

“诚信机场”创建工作是个系统工程，需要统一思想和认识，集中智慧和力量。诚信文化是适应机场发展战略的价值观念、思维方式、行为规范、外在形象的综合体现。我们通过加强诚信文化建设对内统一思想，形成合力，对外树立形象，建设品牌。

在昆明机场人眼中，诚信机场品牌已不仅仅是代表机场的服务质量，还是一种文化，更是一种品位、一种格调、一种生活模式以及一种时尚。它具有深厚的文化底蕴和情感内涵，能超越时空的限制带给消费者更多高层次的心理和精神满足，具有强大的生命力和非凡的扩张能力。昆明机场通过诚信机场品牌战略的科学制定和有效实施，建立核心竞争优势，提高竞争能力，逐步赢得机场的可持续增长。

以诚信促进机场软实力提升

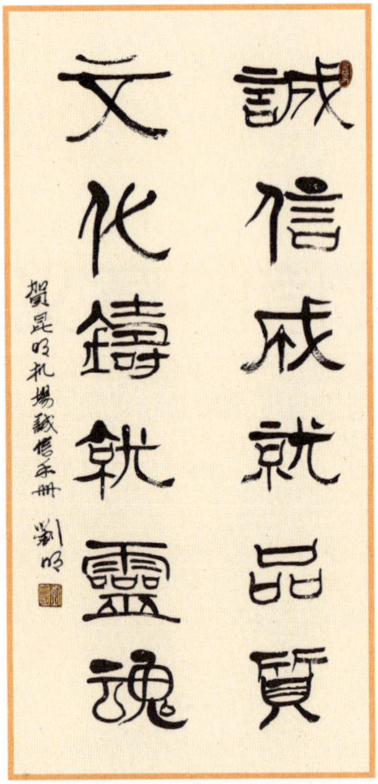

企业软实力，总的来说就是企业对资源的整合利用能力，是实现内强素质，外塑形象，扩大影响力和竞争力的要求，是实现企业文化与发展战略的和谐统一、企业发展与员工发展和谐统一的需要，是实现企业发展战略目标的重要保证。

企业文化、管理制度、组织模式、管理能力和创新能力是昆明机场软实力建设的重要支撑。其中，诚信机场建设作为现代企业管理理念和管理方式，是机场软实力和核心竞争力的重要内容与形成要素。昆明机场党委在面临巫家坝机场硬件设施不足、安全压力大和昆明新机场建设、新老机场衔接、转场等诸多问题时，立足诚信管理实践，通过持续加强诚信机场道德建设，把企业文化作为企业凝聚力和创造力的重要源泉，形成支持昆明机场长远发展的软实力，保持机场持续健康发展的良好势头。

纵观国际大型知名企业的发展，有一个共同的特点就是具有无可比拟的软实力。企业发展生存的空间并非随着企业生

产规模的扩大而扩大，一个企业要持续、稳定发展，硬实力是重要基础，但起决定作用的是软实力。即将投入使用的昆明新机场无论是基础设施还是技术设备都处于国内领先水平，面对新的内外部环境肯定会遇到管理、技术、程序、标准、协同等诸多软性问题，通过软实力建设促进管理水平不断提升，进而持续发展先进硬实力，显得尤为迫切和重要。

软实力建设是对昆明机场发展具有决定性意义的一个宏大系统工程，具有综合性、长期性和艰巨性等特点，关系到昆明机场未来的前进动力、整体形象和竞争能力。软实力是一种通过长期积累，并能在未来为机场发展发挥持续作用的能力和习惯，是一个内在的、潜移默化的过程，是一个苦练内功的过程，需要长期的努力和积累，不能够一蹴而就。只有不断增强抓好这项工作的坚定性和自觉性，通过一系列艰苦细致的工作，才能把软实力提升工程的各项目标任务落到实处；只有坚持“共创共享、共享共创”，持续创造适合机场发展的软实力，并将其应用到实际工作中，才能为昆明机场当前和今后的发展提供强大的动力源泉和无穷的发展后劲；只有从破解影响发展软实力的思想障碍入手，破解影响发展软实力的重点难点入手，破解影响发展软实力的机制约束入手，以提升昆明机场软实力、提升机场品牌为动力，以创新发展软实力的制度设计为保障，以高度的责任感来认识和推进软实力研究工作，才能适应昆明机场发展的需要；只有坚持统筹兼顾，牢固树立“软实力也是生产力”的新理念，着眼于基础、机制、文化、队伍等层面，牢牢抓住硬实力与软实力协调发展这条主线，坚持以核心价值观为引领，以完善机制为基础，以管理创新为动力，以文化建设为依托，以员工队伍素质提升为支撑，以发展环境优化为保障，努力形成硬实力与软实力并驾齐驱的发展格局，才能实现昆明机场又好又快发展。

昆明机场诚信建设任重道远，内涵丰富，涉及法治管理、道德回

不信不立，不诚不行。——晁说之

归、机场整体形象的提升以及先进机场文化与社会文化的交融等多个面。从社会环境和层面推动机场行业建立良好的信用体系，除依靠法律、法规外，还必须依靠行业的自我管理和自我约束。因为法律、法规在机场服务、经营行为中只能规定被管理者应该做什么、不应该做什么或禁止做什么，却无法量化机场从业人员的事业心和责任感，更无法考量其诚实和信用。机场行业作为公共运输服务行业，机场监督管理人员必须围绕诚信优质服务来健全各项规章制度，严防失信行为的发生。通过弘扬诚信美德，营造诚信服务、诚信经营、诚信管理的氛围，满足个性化服务发展趋势，实现与国际惯例接轨。如果出现重大失信违法行为，除依照法律、法规严厉惩处之外，必须列入无诚信企业黑名单，逐步建立并执行“一次违法违规，终生退出市场”的行业自律规定。同时，充分利用大众传播媒介，正面宣传报道诚实守信、遵章守法的经营机场，用舆论的力量来进一步规范、引导机场行业的诚信建设沿着正确的轨道发展。

以诚信机场建设提高机场软实力，需要秉承集团公司“创新为魂”的核心价值观，大力推进创新工作，提升创新氛围，增强创新意识和能力，加大创新力度和广度，通过发掘、总结、整合、升华与创新，构建符合昆明机场发展的安全文化、服务文化、制度文化和发展文化，真正做到昆明机场组织模式、行为规范、价值理念、管理科学、创新能力、品牌战略、社会公信度、企业内外部环境和谐指数的进一步提高，实现“四个升华”。

人文关怀的升华。人是生产力中最活跃的因

素，提升软实力，一切的起点都必须以提高员工的素质为基础。机场发展壮大，必须把着眼点放在员工上，坚持以人为本，不断完善和优化发展环境，做到凝聚人心，关心员工的情绪变化，改善员工的心智模式，促进员工思想观念和精神面貌发生深刻的变化，促成员工的进步成长，树立共同理想，积极承担责任，塑造出良好的人文关爱文化氛围，加速推进云南民航产业发展，早日实现航空强省目标。

历史传承的升华。任何文化都是在历史的沉淀与传承之中得以发展和升华。昆明机场安全文化、诚信文化就是在传承与弘扬之中得以发展的。为此，我们既要创新，也要注重历史传承，特别是要弘扬传承推动机场持续发展的精神层面上的无形东西，要把好的精神进行发扬光大，要在传承中创新，在创新中发展，在发展中升华。

制度促动的升华。软实力建设就是要把集团公司所形成的价值观念、所倡导的先进理念，固化于制，外化于行。这就需要我们把倡导的观念意识，有机地融入各项管理制度之中，用制度来促进员工先进理念的形成。善于把观念意识形态的精神系统，转化为可供每位员工操作执行的制度体系和行为规范，通过经常性教育培训，并不断改进培训方式，让员工了解、理解、认同、遵照和执行企业文化，做到用先进的观念驾驭制度和校正员工行为，使制度和员工的行为蕴涵着观念。

典型示范的升华。先进典型具有强劲的导向作用、示范作用和辐射作用。在软实力建设中，要大力树立反映企业先进理念体系以及体现时代精神的各类先进典型，把机场软实力建设成果转化为品牌价值，大力实施品牌经营战略，依靠持续安全，诚信服务，打响机场品牌，塑造昆明机场的良好形象。同时，还要特别注重对一线员工闪光点进行有效传播，从而营造出学先进、赶先进、超先进的良好环境，引导全体员工争做优秀称职员工。当我们把所有员工塑造为适合企业发展需要的合格人才时，昆明机场的软实力将得到彰显。

如果要别人诚信，首先自己要诚信。
——莎士比亚

以诚信奠定机场服务品牌

在经济全球化的背景下，企业之间的竞争日益激烈，传统竞争逐渐由有形产品的竞争转向品牌竞争、服务竞争，而品牌和服务的竞争力正是由企业的创新力和文化力所决定的。企业的组织模式、信誉、品牌意识、服务理念、技术与管理创新能力构成了影响企业竞争力的长期性、基础性和战略性要素，是企业赖以生存发展不可或缺的无形资产。通过诚信文化创建提升昆明机场软实力，树立机场诚信服务文化品牌，增强机场社会公信度，以实现昆明机场文化与发展战略的和谐统一。

机场是一个城市乃至一个地区的重要门户和窗口，是地方经济发展的重要基础条件，是以增强区域经济竞争力、城市竞争力、国际竞争力、改善投资环境为总目标，通过人员流、资金流、物流、信息流的集散助推社会经济、政治文化、外贸旅游等地方发展的产业实体。

在国家整个经济发展中，昆明机场属于公共服务产业；在西部大开发战略中，昆明机场属于基础产业范畴；昆明机场服务的目标始终是社会经济的发展。机场的服务对象，更多的体现在能够利用航空公共服务行业产品的顾客，其中包括驻场单位，如航空公司、空管、油料等，特别是需要通过机场服务、有社会公众旅行需求的旅客。昆明机场在整个航空运输环节中，非常清晰地表现为公益性、基础性的特种行业。从机场特有属性定位，觉得了机场不是追求企业利益最大化，而是追求企业价值和对社会贡献的综合效益最大化，包括对云南经济发展和地区产业结构

的调整，影响并培育特色经济等。

机场所提供的产品是服务，这就决定了机场必须通过服务来增强自身的竞争力。昆明机场提出的创建诚信机场，就是要通过服务让顾客体会机场的品牌价值。品牌战略是建立在企业资源、市场资源、竞争力量上的一种战略模式。昆明机场作为现代企业，把创建诚信机场提升到品牌战略的高度来认识。

诚信是一种重要的无形资产，是市场经济运行中一种崭新的、特殊的资本形态。成熟的市场经济，企业之间主要是品牌及服务的竞争。为此，诚信就成了资本价值中的核心竞争力。核心竞争力则决定了资本价值的增值能力和获取利润的能力。机场党委认识到，机场的长期发展和做大做强，就必须坚持“立诚，则行天下；守信，则强天下”原则，以诚信树品牌，通过创建“诚信机场”，树立服务品牌，提高机场核心竞争力和文化软实力。据国外研究表明，消费者第一个想到的品牌的购买量是第二个的2倍，第三个的4倍。而企业80％的销售额来自于20％的忠诚顾客。所以机场要以品牌战略统帅机场发展，把品牌核心价值刻在消费者的内心深处，成为消费者愿意购买这个品牌并产生品牌忠诚度的强大驱动力。诚信机场品牌不仅代表机场的服务质量，还是一种文化，代表着一种品位、一种格调、一种生活模式以及一种时尚，具有深厚的文化底蕴和情感内涵，能超越时空的限制带给消费者更多的高层次的心理和精神的满足，具有强大的生命力和非凡的扩张能力。通过诚信机场品牌战略的科学制定和有效实施，建立核心竞争优势，提高竞争能力，赢得机场可持续发展。

在全球经济一体化、区域化不断加深的背景下，云南省将保持投资拉动的强劲态势，继续实施大项目带动战略，继续加大对基础设施建设的投入力度，通过进一步完善海、陆、空综合立体交通网，把昆明打造成我国面向东南亚、南亚地区现代客物流桥头堡，形成以航空为先导，以铁路、高等级公路为骨架的省际国际大通道，实现区位优势向经济优势的转变。面对机遇和挑战，机场真正的竞争砝码还是源于诚信品牌的企业美誉度和消费者认可度。机场作为公共交通服务行业的现代企业，要把创建诚信机场提升到品牌战略的高度来认识，需要将诚信作为准则来要求，树立诚信的品牌。创建诚信机场，就要按照“全心全意为人民服务”的宗旨，坚持“人民航空为人民”，在机场范围内做到诚信服务、诚信管理、诚信经营。深入实施服务品牌战略，必将树立起机场

生命不可能从谎言中开出灿烂的鲜花。——海涅

“诚信服务”的品牌，为做大做强云南机场产业和建设航空强省作出积极的贡献。

多年来，昆明机场将创建诚信机场与《云南省创建文明单位管理条例》相结合，与提升文明服务规范、提高文明服务水平相结合，与创建文明城市相结合，努力做到服务质量标准化、服务管理规范化、服务过程人文化、服务内容差异化、服务态度主动化、服务水平专业化，最大限度地给旅客以安全和舒适感。妥善处理机场与旅客、航空公司、驻场单位、政府部门和周边社区的关系，为机场发展营造和谐的内外部环境，基本树立昆明国际机场良好的服务品牌。机场航班正常放行率逐年提高，位居全国七大机场前列；旅客有效投诉率明显降低，旅客满意度大幅度提升；机场员工诚信意识明显增强，好人好事和典型事例、服务明星不断涌现，旅客、公众和媒体普遍认为，创建诚信机场使昆明机场服务水平得以显著提高。昆明机场被云南机场集团公司集体嘉奖，并荣获“平安机场”等荣誉，机场党委连续五年被云南机场集团公司党委评为“先进基层党委”，连续三年荣获昆明市、云南省和全国“文明单位”称号，反映了昆明机场在消费者心目中的良好形象。

诚信是一种重要的无形资产，是市场经济运行中一种崭新的、特殊的资本形态。品牌战略是建立在企业资源、市场资源、竞争力量上的一种战略模式。一个企业抓好了自己的品牌创建，就是抓住了自己的命脉，才能将自己的企业做强做大。成熟的市场经济，主要是品牌及服务的竞争。为此，诚信就成了资本价值中的核心竞争力。核心竞争力则决定了资本价值的增值能力和获取利润的能力。昆明机场全面构建创建诚信机场体系，深入实施服务品牌战略，必将树立起机场“诚信服务”的品牌，为做大做强云南机场产业和建设航空强省作出积极的贡献。诚信机场创建关系到昆明机场的前进动力、整体形象和竞争能力，反映的是机场服务与消费者的关系，是顾客从机场出行的自身体验，这种体验是评价机场工作好坏的重要标准。机场要长期发展和做大做强，就必须坚持“立诚，则行天下；守信，则强天下”的原则，以诚信树品牌，形成品牌效应和核心竞争力。昆明机场创建诚信机场工作绝不是一蹴而就的，而是一项长期系统的工程，是一项艰巨和光荣的有着重大意义的工作，必须持续不断地提高对创建诚信机场重要性和必要性的认识，必须加倍努力地全面构建创建诚信机场体系，必须深入持久实施服务品牌战略，从而实现持续、快速、健康地发展。

如今，在昆明机场人眼中，诚信机场品牌已不仅仅是代表机场的服务质量，还是一种文化，更是一种品位、一种格调、一种生活模式以及一种时尚。它具有深厚的文化底蕴和情感内涵，能超越时空的限制带给消费者更多高层次的心理和精神满足，具有强大的生命力和非凡的扩张能力。昆明机场通过诚信机场品牌战略的科学制定和有效实施，建立核心竞争优势，提高竞争能力，逐步赢得机场的可持续增长。

诚实是力量的一种象征，它显示着一个人的高度自重和内心的安全感与尊严感。——艾琳·卡瑟

B-5091
LUCKY AIR
祥鹏航空
YAG

诚信載道

第三章

机场诚信的战略

从“软”、“硬”夹击到不甘人后，从发展之“惑”到正本清源、理清思路，用心为客户和自身创造价值，一种跳出竞争、超越竞争的思路终将昆明机场带出重围，引入价值创新之路：硬件不足，软件比，整体推进昆明机场的服务水平，与国际优秀机场的服务接轨，向国内一流机场看齐，增加消费者、旅客和机场服务提供者的信任感，坚持走卓越品牌创建之路。

科学家阿基米德有句名言：给我一个支点，我可以撬动整个地球。对于机场来说，这个极具效能的支点就是“诚信”。理想和现实之间，两千多名机场人凭借诚信的支点，去实现新的跨越与腾飞！

百年历程巫家坝

说起中国的机场建设发展史，绝对无法跳过昆明巫家坝机场。昆明机场，原是巫家村的牧场。昆明人把平地称为“坝子”，此牧场便得名巫家坝。

光绪年间，清军在此建兵营，巫家坝成立练兵场。在唐继尧执政时期的民国十一年（公元1922年），云南开始创办航空事业，确定巫家坝作为云南省昆明飞机场。当时，由于军阀混战，各省军阀相继建立自己的空军。唐继尧于1922年秋向美国购置飞机，组建航空处，开辟昆明巫家坝陆军操场为飞机场，并建立航空学校。1933年，粤桂军政统治者陈济棠、李宗仁、白崇禧联合滇、黔、闽共5省合办航空公司，开辟了南宁至昆明航线。从此，云南开始有了民用航空。

在云南空军创建初期，昆明巫家坝只是一片大草坪，有炮兵部队驻扎，修了一条十分简易的飞机跑道。1937年10月，云南60军出征抗

日，在巫家坝召开誓师大会；同年，国民党中央空军军官学校从杭州笕桥迁来，炮兵部队迁出巫家坝，机场向西南扩建到滇越铁路边缘，修建了一条千米跑道，巫家坝机场粗具现代机场的规模，中央空军军官学校高级班在这里开训，一时成了中国军事航空教育的中心。

1938年，中国第一个合资经营的航空公司——欧亚航空公司迁到云南，中国飞机修理总厂也在巫家坝机场建成，在以后的 7 年时间里，成了中国飞机的制造、修理中心。

1941年12月，太平洋战争爆发后，美国退役空军军官陈纳德从美国物色了一批飞行和机务人员共570人组成中国空军美国志愿队，其中一个中队驻昆明。陈纳德率领的美军“飞虎队”与中国空军并肩作战，给日本帝国主义以沉重打击。从此，巫家坝机场成了陈纳德和“飞虎队”的总部所在地。从1939年至1945年间进行过两次扩建，成为我国抗战时期最繁忙的军民两用机场。

1942年 5 月，中美空军联合开辟“驼峰航线”后，昆明巫家坝机场又修建了一条千米跑道。中美两国飞行员冒着生命危险，不辞劳苦，夜以继日地在“驼峰航线”上穿梭飞行，地勤人员在机场上顶着严寒酷暑或倾盆大雨装卸物资、加油、检修飞机，使大批抗战物资从印度运入昆明，再从这里运往全国各个抗日战场。由于巫家坝机场每天起降的飞机最多时有400架次以上，甚至有时每两分钟就有一架飞机在这里起降，成为当时世界上最繁忙的机场之一。

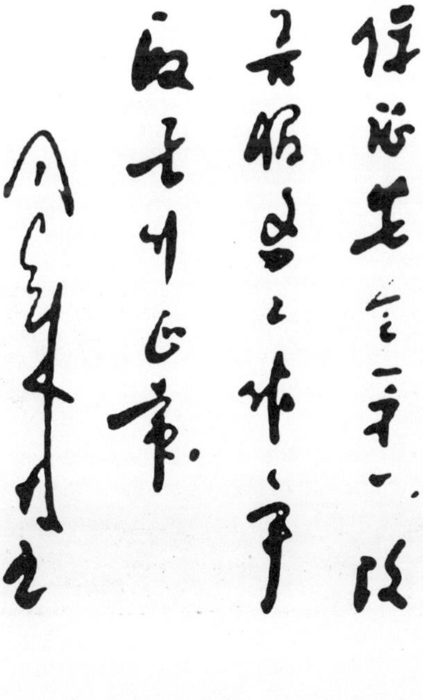

1949年11月9日，国民党政府在香港的中国和中央航空公司宣布起义，昆明机场职工在中国共产党地下组织的领导下，很好地保护了机场的一切航空财产。1950年3月，由中国人民解放军昆明市军事管制委员会接管原中国和中央航空公司昆明办事处及巫家坝机场。从此，云南民航事业揭开了新的光辉篇章。

1957年10月5日，中缅航线成功飞行一周年，周恩来总理对民航批示：“保证安全第一，改善服务工作，争取飞行正常”，成为我国民航行业基础工

虚伪的真诚，比魔鬼更可怕。——泰戈尔

作的指导方针。“保证”、“改善”、“争取”三个词语精确把握了民航工作的基础和标准，抓住了民航发展的核心和实质。

昆明机场原有两条2 200的平行跑道，其中一条为水泥碎石道面；一条为水泥灌浆道面。能起降的运输机型主要是C-46、C-47小型飞机。经国家正式批准，1958年10月开始对昆明机场进行扩建，于1959年10月1日起投入使用。1960年4月至5月，周恩来总理就先后乘坐中国自己的民航飞机，从昆明巫家坝国际机场起飞出访缅甸、印度、尼泊尔、柬埔寨、越南等国。扩建后的昆明机场，有一条长3 000米、宽60米、厚19米的混凝土结构的主跑道，可供伊尔-18、三叉戟等飞机起降。

民航从1969年起实行义务工役制，属空军建制。党的十一届三中全会以后，1980年3月5日，国务院决定改变民航的领导体制，由国务院直接领导，从此走上企业化道路。民航云南省局接受民航成都管理局和云南省政府双重领导，以民航领导为主，走企业化道路，按国营企业规范进行管理。在云南省委、省政府的支持下，先后于1985年、1986年、1991年从国外引进3架波音737-300型客机。民航云南省局自引进第一架波音737Y型飞机后，昆明地区航空运力的布局逐渐得到改善。

昆明机场经过近30年的不断使用，跑道道面多处断裂和破损，调度指挥、通讯导航、供电、供油等设施也逐渐老化，已不能适应发展的需求。特别是改革开放以后，航空运输量急剧增加，巫家坝机场的各项设施，已

远远不能适应发展的需要，扩建巫家坝机场已成为当务之急。

1985年5月，经国家计委批准扩建昆明巫家坝机场，1987年正式开工。在机场扩建期间，为不中断昆明至国内外的航班运输，民航云南省管理局打破常规，大胆采取边飞行、边施工的办法，创下了历史上机场边修建边飞行的先河。经过一年多的紧张施工，1988年5月，长3 000米、宽44米，水泥混凝土道面的副跑道竣工投入使用。1990年3月，长3 400米、宽45米，水泥混凝土道面的主跑道工程建成启用，可起降波音747、空中客车A340等大型客机。同时，新建3万多平方米客机坪，可同时停放8架大中型飞机。

1992年7月28日，云南航空公司（简称“云航”）在原民航云南省管理局的基础上以“一个机构，两块牌子”的双重身份登台中国航空大市场，基地为昆明巫家坝国际机场。云航将徽标定为“金孔雀”。孔雀不仅是云南的象征，更代表云南26个民族纯洁、善良、热情和好客的形象。

在强手如云的民航大市场中，云航代表云南参与角逐。短短两年不到的时间里，已拥有世界先进的波音737-300型飞机6架。云航在开辟国内航线的同时，依托云南所处的区位优势，挤身于国际航空运输市场，仅在1993年短短的几个月时间里，相继开辟出昆明至新加坡、曼谷、吉隆坡3条国际航线，开创了云南航空前所未有的新局面，第一次形成了比较完善的以昆明机场为中心，内联外开的航空运输网络，使昆明机场通航的城市达40个。

1997年，为迎接1999昆明世界园艺博览会，昆明机场又进行了第三次大规模扩建。年旅客吞吐量按700万人次设计，仅次于当时国内的北京首都机场、广州白云机场、上海虹桥机场。扩建后的昆明巫家坝机场于1999年投入使用。第一年既完成航空器起降53 400架次，旅客吞吐量689万人次，高峰小时起降36架次，圆满完成了1999年昆明世界园艺博

工作上的信用是最好的财富。没有信用积累的青年，非成为失败者不可。——池田大作

览会运送旅客的任务。

2001年4月25日，国家民航总局在昆明机场召开表彰大会。昆明机场凭借保障航空安全50周年的安全业绩，被民航总局授予“保证航空安全标兵单位”的荣誉称号，并荣记集体一等功，成为中国民航系统首家获此殊荣的机场。

2001年11月28日，云南民航省局、云南航空公司、民航空管中心三家分立；分离后的民航云南省局隶属于民航西南管理局，担负着经营昆明机场和云南省内9个支线机场，保证机场安全、正常运营，为航空公司提供机场保障等任务。

2004年4月26日，云南机场集团公司挂牌成立，标志着云南民航机场属地化改革顺利完成。同年8月20日，昆明机场成为云南机场集团公司所辖的11个机场之一，开始按照新的组织结构运行。

2005年，昆明机场完成旅客吞吐量1 182万人次，成为全国第七家年旅客吞吐量突破千万的机场，在全球两万多机场中跻身百强。

2007年，由云南省国有资产监督管理委员会、昆明市人民政府、云南省开发投资有限公司共同出资组建的云南机场集团有限责任公司正式成立，昆明机场作为集团公司的旗舰机场，翻开了崭新的一页。

困境·理念·布局

2001年11月28日，国家民航总局根据中央关于深化民航改革的精神，作出了云南民航体制改革的重大决策。经国家民航总局研究决定，原则同意云南民航分立重组方案。分立后的3家单位分别是：民航云南省局、云南航空公司、民航空管中心。分离后的民航云南省局隶属于民航西南管理局，担负着经营昆明机场和云南省内9个支线机场，保证机场安全、正常运营，为航空公司提供机场保障等任务。

2004年4月26日，云南机场的管理体制改革渐近尾声。云南机场集团公司宣告成立，此举意味着云南境内所有机场移交当地政府，实行属地化管理。民航改革之初，其发展处于矛盾凸显期，现行的民航管理体制还不能完全适应社会主义市场经济的要求，民航体制改革后，行业主管部门、地方政府、国资委、政府宏观管理部门都是协调方和主导方，各利益主体谋求发展的愿望及行为与行业发展和社会发展的整体利益存在矛盾，缺少民航整体协调管理的牵头单位，使各主体之间沟通协调难度大，系统性被削弱，民航服务面临困难。

作为云南机场集团“排头兵”的昆明国际机场——全国起降最繁忙的国际航空港之一、西南地区门户枢纽机场、集团公司完成生产量近80％的机场，同样面临着诸多困境，身陷“软”、“硬”夹击的困局之中。

走正直诚实的生活道路，定会有一个问心无愧的归宿。——高尔基

“软”——机制建设之“软”。机场属地化之初，原有格局被打破，新机制尚未完全建立，昆明国际机场一度面临生产指标增长滞后、服务质量大幅度下滑、各种投诉和纠纷增多、旅客满意度在全国主要机场中排名靠后的境地。

“硬”——基础设施不“硬”。在全国旅客吞吐量超千万人次的机场里，昆明机场候机楼最小、机坪最小，仅有单条跑道，设施容量不足，保障能力弱，管理压力巨大。

在市场经济下，作为参与竞争的主体，各地机场都在制定政策，开拓市场，都提出要抢先发展，机场间的竞争也越来越激烈。如何突破基础设施不“硬”、机制建设尚“软”的瓶颈，如何提高昆明机场保障能力和服务质量，如何有效提升昆明机场品牌知名度和美誉度，如何让昆明机场顺利驶入未来发展之道，成了昆明机场人心头之“惑”。

【诚信实例】

返还破损花瓶款

2003年8月13日，李女士到昆明机场乘机时，花了1 000元从候机厅某商家处购买了10个花瓶。当年8月21日，她又从家乡电汇了260元到该商家的账户上作为运费。但当花瓶托运到目的地后，李女士发现60%的花瓶已破损，因此拒绝接收。当李女士与商家联系解决此事时，双方因意见分歧，事情一直未得到妥善解决。近两年过去了，正当李女士失望之际，她在报纸上看到昆明机场正在开展诚信机场创建活动，于是抱着试试看的心情，给昆明机场领导发出了一封投诉信。在信中，李女士诉说了心中的烦恼。

7月27日，昆明机场领导收到投诉信后非常重视，认为此事已拖了近两年，商家之举违背了创建诚信机场的宗旨，于是指派物业管理部质量监察室调查处理此事。工作人员到现场找到商家负责人了解情况，并对商家进行诚信教育，商家此时才认识到事情的严重性。最后协商处理的结果为：商家两天之内将全部款项退还给李女士，并向其道歉。7月29日，质量监察室的工作人员拨通了李女士的电话，证实1 000元款项已全部汇到其账户上。

“我们相信，在每一个企业的发展中，都有一个或几个关键时刻。”而昆明机场作为云南的“门户窗口”和“第一形象”，同时还与62家驻场单位联动，还有特许经营的商户，每时每刻都在面对旅客、接送旅客的人，每时每刻都是关键时刻。

回望事物发展的轨迹，往往可得事物发展之规律。在求本溯源的探寻中，“机场因何为机场”、“公益性是机场最明显的特征”、“机场不完全是纯粹意义上的企业，不应该以追求利润为唯一目标”、“机场应是城市的‘名片’”、“要为旅客带来舒适、快乐的旅行”等观点竞相迸发。以“硬件不足，软件突破，下大力气整体推进昆明机场的服务水平，增加消费者、旅客和机场服务提供者的信任感”为核心的“柔性”价值观被勾勒得越发清晰，直至喷薄而出。

从“软”、“硬”夹击到不甘人后，从发展之“惑”到正本清源、理清思路，用心为客户和自身创造价值，一种跳出竞争、超越竞争的思路终将昆明机场带出重围，引入价值创新之路：硬件不足软件补，整体推进昆明机场的服务水平，与国际优秀机场的服务接轨，向国内一流机场看齐，增加消费者、旅客和机场服务提供者的信任感，坚持走卓越品牌创建之路。确定了诚信机场创建的宗旨、目标和最终目的：

昆明机场诚信创建树立“以人为本，全心全意服务旅客”的宗旨，以优质服务取信旅客，想旅客所想，急旅客所急，帮旅客所需，时刻把“诚信”服务当做昆明国际机场发展的生命线，树立广大员工爱岗敬业，以诚立业，以诚兴业，回报社会的高尚意识。实践遵纪守法、诚实守信、文明守礼、自尊自律、友好合作、优质服务的道德规范。

诚信创建以打造“提升昆明国际机场内外形象，建立机场、旅客、驻场单位、航空公司之间的和谐关系”为目标，认真贯彻《公民道德建

没有诚实何来尊严。——西塞罗

设实施纲要》，从根本上实现昆明国际机场的诚信经营。运用多种形式广泛开展以诚实守信为主要内容的公民道德教育和职业道德教育，强化员工的诚信意识，建立诚信的自律机制，使各相关单位之间逐步建立起精诚合作、齐抓共管的良好关系。将创建诚信机场当做提升昆明国际机场形象的一项战略工程来抓，维护好昆明国际机场作为云南对外窗口的良好形象。

诚信创建的最终目的是实现“昆明国际机场可持续协调的发展状态”，坚持务实的工作态度、至诚的服务理念、以礼待人的工作作风，积极地参加到市场竞争中，不断改进和创新经营思路，不断巩固诚信建设，维护机场良好信誉，从而推动昆明国际机场信用服务体系不断发展，打造昆明“诚信机场、诚信服务”的良好品牌。

现实富有挑战，理想鼓舞人心。机场党委作出在全机场范围内创建

“诚信机场”的决定后，得到了各驻场单位的大力支持和配合。2005年5月10日，昆明机场首食“螃蟹”，将“诚信为本”定位为昆明机场的核心价值观和竞争力，在全国机场行业中率先开展“创建诚信机场，创新服务品牌”活动并举行启动仪式，现场向社会公示《诚信宣言》和《十项服务承诺》。自此，昆明机场围绕“以人为本，全心全意服务旅客”的创建宗旨，全面构建了围绕发展这一主题，建立两个机制，建设三支诚信队伍，做到四不让，落实五实作风，奉献六心服务，贯彻七要精神，坚持八个结合，采取九项措施，兑现十项承诺的“一到十”诚信机场创建体系，全面掀起了昆明机场“诚信机场创建”的布局和实施。

（一）围绕一个主题

发展是我们党执政兴国的第一要务。就昆明机场而言，发展是主题、核心和关键。深化改革、安全生产、优质服务和良好的效益是机场发展的四大基石。改革是为了解放生产力，促进机场发展，而没有安全发展就没有保障，没有优质的服务就无法赢得市场，没有良好的效益企业就无法做大做强。四者缺一，机场就会面临边缘化的危险，国有资产就无法保值增值，员工的利益就得不到保障，企业的稳定和建设航空强省的目标就无从谈起。所以，创建诚信机场，实施品牌战略，必须结合国际化的趋势，紧紧围绕机场的跨越式发展这一主题。

（二）建立两个机制

1.建立驻场单位同创共建诚信机场联动机制。创建诚信机场

失足，你可能马上复站立，失信，你也许永难挽回。——富兰克林

的目标是不断提高机场的综合保障能力和服务质量，这是一项涉及面广的系统工程。但机场作为集服务体系与综合保障体系为一体的生产经营单位，服务质量和保障能力的不断提升需要包括机场、航空公司（尤其是基地航空公司）、联检单位等所有驻场单位的共同努力和通力配合。这些单位与机场之间的沟通和协调是否及时、畅通，对于创建“诚信机场”品牌尤其重要。

这就需要建立驻场单位同创共建“诚信机场”联动机制。昆明机场成立了创建诚信机场活动领导小组，由机场牵头，组成单位包括中国民用航空云南安全监督管理局、民航云南空中交通管理分局、昆明边防检查站、昆明机场海关、昆明机场出入境检验检疫局、官渡区工商局机场分局、云南省公安厅民用机场公安局、昆明国际机场（下属14个二级机构：党群工作部、总经理办公室、工会、财务部、安全服务管理部、人力资源部、航空安全护卫部、安全检查站、急救中心、安全运行保障部、物业管理管部、运行管理中心、信息技术中心、经营发展公司）、中国东方航空云南分公司（下属8个机构：货运部、运行控制部、地面服务部、飞机维修基地、客舱服务部、保卫部、客运销售部、航食公司）、中国南方航空公司、中国国际航空公司、深圳航空公司、四川航空公司、厦门航空公司、上海航空公司、海南航空公司、山东航空公司、昆明航空公司、祥鹏航空公司、港龙航空公司、澳门航空公司、大韩航空公司、新加坡航空公司、马来西亚航空公司、越南航空公司、泰国航空公司、老挝航空公司、日本航空公司、中航油云南分公司、云南机场航空地面服务有限公司、云南民航电信有限公司、云南空港物流有限公司、云南空港百事特商务有限公司、云南空港房地产开发有限公司、云南空港商贸有限公司、云南空港华卓航空食品有限公司、云南空港建筑工程有限公司、云南空港飞机维修服务有限公司、云南空港旅行社有限公司、云南空港雅士维信息传媒有限公司、云南航信空港网络有限公司、昆明空港企业管理咨询服务有限公司、昆明空港花卉营销有限公司、昆明机场宾馆、昆明机场观光酒店等65家驻场单位和部门，负责协调、指导和督查诚信机场创建活动。每个成员单位设立联络员，负责及时沟通信息和协调落实整改内容。同时设立了专门的创建办公室，负责制订方案、组织实施和监督检查。

2.建立创建诚信机场的制度机制。建设诚信文化必须创新体制机制。为确保诚信机场创建活动顺利开展并取得实效，必须找准着力点，综合运用教育、法律、行政、经济、舆论等多样手段，建立一整套机制和制度，包括创建标准、行为规范、考评办法、奖惩制度、持续改进制度。通过编撰《诚信服务手册》，将企业员工的服务规范、服务礼仪、服务技巧等方面作出详细说明和指导，在全机场建设诚信秩序，对失信行为进行有效的约束和惩罚，真正让诚信成为诚信者的通行证。

昆明机场创建诚信机场活动，主要采取对昆明机场各单位的创建情况进行重点检查、分析、考核，对各驻场单位侧重于检查、考核及协调合作、互相学习、互相监督的方式。诚信机场建设作为机场信誉品牌建设的重要内容，一方面通过制定《云南机场集团有限责任公司昆明地区各单位服务质量评定标准》、《昆明机场驻场单位服务质量评定标准》，通过实行每月流动红旗评比、年度“AAA”、“AA”、“A”级“诚信集体”评选和“诚信之星”、“服务标兵”、“安全标兵”、“保障能手”等集体和个人表彰先进。另一方面，通过走访检查各单位诚信创建情况，制作《现场检查记录》，并对违反考核规定或被旅客投诉的单位，查实后通报批评，下发《整改通知书》，并进行罚款。所扣的款项纳入诚信机场专项经费管理。

（三）建设三支诚信队伍

以人为本，努力建设三支诚信队伍，夯实创建诚信机场的基础。从

某种意义上说，能否真正建设一支诚信员工队伍、一支诚信的党员队伍、一支诚信的管理人员队伍，是昆明机场创建诚信机场成败的关键。通过创建活动，建设好作风过硬的这三支诚信队伍，提高的是机场的管理能力，优化的是机场服务形象，赢得的是顾客满意度和品牌美誉度。

1.诚信员工队伍。诚信员工是形成诚信机场文化的基础，诚信员工

真诚是一种心灵的开放。——拉罗什富科

要做到：敬业爱岗，尽职尽责；遵章守纪，勤奋工作；周到细致，热情微笑；自尊自爱，仪表大方；务真求实，追求卓越。诚信员工要树立四种意识：第一，诚信是立人之本，即说老实话，办老实事，做老实人；第二，诚信是团结之要，即诚实无欺、信守诺言，和睦相处、团结合作、互相爱护、互相关心；第三，诚信是处世之道，即诚信是人与人之间交往中必须遵循的基本准则；第四，诚信是兴业之宝，即只有诚实守信才能在市场经济中有所作为。

2.诚信党员队伍。我们党是以全心全意为人民服务为宗旨的，自觉地尊重客观事实和客观真理，靠事实和真理的力量来教育引导群众，靠诚心诚意为人民谋利益来获得群众的信赖、支持和拥护。任何弄虚作假、欺瞒诈骗的言行都与我们党的性质、宗旨和世界观不相容。党员要始终如一地做到诚实守信，随时加强思想道德的修养，坚持实事求是，诚实守信，与人民群众肝胆相照、同呼吸、共命运、心连心，带头自觉讲诚信，为广大群众树立诚实守信的良好榜样，并为讲诚信创造良好的社会法治环境。

3.诚信管理队伍。机场管理人员队伍要做到：严于律己，廉洁奉公；科学务实，高效创新；崇尚奉献，率先垂范；信言践约，表里如一；团结群众，顾全大局；勤于学习，积极进取，从工作生活中的点滴做起，做老实人，说老实话，干老实事，要重事实、重调查，勇于负责，干事竭力。

（四）做到四不让

打造形象精致、运行精细、方法精密、信息精确的“诚信机场”形象，就要努力做到“四不让”：

不让旅客在乘机时感到不方便，不仅从办理值机手续、安全检查上给旅客热情服务，更要从旅客的实际需求全方位地为旅客提供服务。

不让旅客在候机时感到不踏实，要求工作人员不仅要有高超的服务技巧，更要工作到位。

不让旅客在昆明机场受到冷遇，要求职员在全心全意为旅客服务的基础上，多问一问、多想一想、多看一看、多帮一帮。

不让一名工作人员感到为旅客做的事不值得，要求工作人员有无私的奉献精神。

同时，还要做到“三个一”，即业务一口清，要求工作人员熟练地告知旅客相关的法律法规和规定及乘机所需注意的事项；解答一遍明，即对旅客提出的咨询和问题的解答，按相关规定，简明准确，易懂易记；帮助一次成，即对旅客所需的帮助，服务要一次到位，避免旅客往返。

（五）落实“五实”作风

创建诚信机场，重点要树立“五实”作风求实效。

一是情况要摸实，切实弄清楚旅客所思所想，潜心分析旅客心理特点，找到服务工作着力点。

二是道理要讲实，各窗口单位要在出现航班不正常等情况下，站在旅客的立场上，换位思考，积极协调，主动做好服务工作，向旅客说明实情，赢得旅客理解。

三是工作要做实，采取措施，杜绝机场范围内各单位人为原因影响航班正常率，进一步改进完善航班不正常情况下的服务预案，主动帮助旅客解决实际问题，为旅客办实事、办好事，以最直接、最有效的服务回报旅客。

四是措施要抓实，将各项服务工作制度、措施和标准，始终贯穿于服务工作中，优化服务流程，确保服务工作有实效。

五是意见要落实，对旅客提出的改进性意见和对服务不满意的地方及时进行整改，切实提高服务质量。

（六）奉献“六心”服务

创建诚信机场，关键是要诚信服务，融入真情。北宋思想家张载说：“诚善于心之谓信。”在酒店行业

诚实是人生的命脉，是一切价值的根基。——德莱塞

中，六星级属于“超星级”的范畴。昆明机场在服务工作中也要提倡“六心”级服务，但我们是“热心”、“用心”、“倾心”、“爱心”、“细心”、“耐心”的“六心服务”，要求服务人员牢固树立“旅客至上”的观念，全身心投入服务工作，以诚相待，规范服务用语，强化服务意识，想旅客所想、急旅客所急，把旅客的事情当做自己的事情，把旅客的困难当做自己的困难，诚心诚意地为旅客排忧解难，以真情与旅客交流，让旅客们感受到一份愉悦和温馨，为旅客创造一个舒适愉快的乘机环境。

（七）贯彻“七要”精神

创建诚信机场，要大力倡导和弘扬基于诚信的“七要精神”，杜绝服务工作“冷、硬、等、推、拖”。

一要学会微笑待人。人与人之间最直接、最有效的沟通是真诚的微笑，微笑待人能让每个人都成为飞溅在我们身边的欢乐的浪花，每个员工都要成为昆明机场的名片。

二要使用文明用语，学会尊重他人。尊重他人的人格、宗教信仰和民族习惯，不论贫富贵贱，不分健全人、残疾人，不管本地人或外地人，都要一视同仁，彬彬有礼。

三要学会诚信待人。答应旅客的事要按时做到，做不到时表示歉意，始终做到诚实谦虚、言行一致，不撒谎、不欺骗。

四要学会宽容待人。要有涵养，要善解人意，要学会与人合作，学会交流思想。

五要时刻准备帮助别人。当别人需要帮助而自己也力所能及时，能够尽心尽力。

六要学会按规则办事。不要妨碍他人，更不能伤害他人。

七要尽心做好每件事。有高度的责任心，要精益求精，不草率了事，不敷衍塞责。

（八）坚持“八个结合”

创建诚信机场必须与机场各项工作有机结合起来，而不能割裂。

一是要与规范化管理相结合，通过结合ISO9001、ISO14001、OHSAS18001标准条款和认证工作，使诚信机场创建工作纳入规范化的轨道，提高诚信服务的水平。

二是要与党建思想政治工作相结合，通过实施“云岭先锋工程”、保持共产党员先进性教育和创建“四好班子”、开展“创先争优”等系列活动，加强诚信宣传教育，党政工团齐抓共管，以创建学习型组织为载体，培养员工主动学习精神和诚信服务精神，营造良好的创建氛围，使诚信意识转换为员工的自觉行动。

三要与人力资源管理和开发相结合，树立人才第一观念，重视人才的开发、培养和使用，完善人才选拔、使用机制，促进企业发展。

四要与企业文化建设相结合，坚持“诚信为本”，真正把“诚信”融入昆明机场企业文化。企业文化是企业管理走向成熟的标志，是改革发展的强大推动力，是员工思想和行为的精神黏合剂。昆明机场企业文化的核心和精髓正是“诚信”。要通过诚信服务，打造企业诚信文化来吸引航空公司、旅客和货主。这就要求机场把诚信经营的理念，由表面的感性、知性，变成深层次的理性思维，融入员工的潜意识中，使诚信的内在自律和外在约束有机地结合起来，使诚信作为员工共同认可的价值观和行为准则，成为员工的共同信仰和追求，形成一种具有长期有效性的文化自觉，真正成为员工的自觉行动，实现诚信机场建设的最高目标和境界。

五要与安全生产相结合，品格产生诚信——诚信产生合作——合作中产生沟通——沟通产生团队——团队创造品质

君子以言有物，而行有恒。——《周易》

和利润，通过员工的诚信工作和诚信服务以及管理者的诚信管理，不断推动机场安全生产上台阶。要把诚信贯穿机场安全、服务、效益、发展的各个环节，对每一个组织系统、每一项活动、每一个流程进行诚信管理，以诚信来指导机场的管理和发展，在管理和发展中体现诚信的文化内涵。

六要与员工奖惩机制相结合，与企业的激励机制、约束机制吻合起来，使诚信文化的内涵与员工的利益密切挂钩，大力弘扬诚信文化，坚决遏制反诚信文化的泛起和盛行。

七要与精神文明建设相结合，大力开展创建“文明机场”、“文明单位”、“青年文明号”、“卫生机场”等活动，相互促进，整体提高。

八要与构建和谐企业相结合。对企业来讲，和谐就是用最好的产品和服务满足市场的需求；和谐就是在企业的发展过程中使国家、社会和员工都能受益，共享发展的成果；和谐就是在企业内部形成平等友爱、公平正义、融洽相处、团结奋进的氛围，在企业外部形成相互尊重、相互信任、相互支持的环境。诚信是社会和谐的基石，也是构建和谐企业的落脚点，建设诚实守信、遵纪守法、和谐发展的企业，既是企业自身发展的需要，也是构建社会主义和谐社会的需要。企业要对消费者负责，以高质量的产品和优质的服务造福社会，也要充分发挥自身优势，为所在地区经济繁荣作贡献，还要对企业职工守信，妥善处理企业内部关系，维护安定团结，最大限度地调动一切积极因素，促进企业生产力的不断解放和发展，确保企业的稳定与和谐发展。

（九）采取九项措施

通过采取有效措施，不断开发新的服务项目和服务精品，提高昆明机场民航运输服务质量。

一是加大硬件投入，改善服务设施，完善服务功能，合理设计流程，重新梳理机场内各种服务引导标志，确保规范、醒目。开辟头等舱、公务舱及老、幼、孕、病、残专用安检“爱心通道”。

二是加强信息沟通渠道，开展机场服务96566特服电话查询服务、短信服务、网上查询服务，提供服务宣传册。

三是完善监督手段，聘请媒体、消协、航空公司代表等担任机场服务质量监督员，设立商业服务热线，设立候机楼消费者投诉中心和监督站，切实保护消费者权益。要在候机厅、货运处设立意见箱，不定期向旅客货主发放《昆明机场诚信优质服务社会问卷调查表》，了解客户对机场服务工作的满意度，履行服务承诺，限时服务，强化社会监督。

四是成立工作小组，配合协助航空公司在机场开设新的服务项目，建立用户季度工作协调或意见征询会议制度。

五是加强候机楼秩序管理，规范候机楼内商业柜台的商品摆放，出台高于文明机场标准的旅客活动区（含卫生间）环境卫生服务标准，并严格执行。杜绝候机楼内外拉客、拉票、拉货、擦鞋以及行乞行为，综合治理候机楼内外环境卫生、店容店貌及车辆停放秩序。

六是加强员工培训教育，提高服务技能和综合素质，改善服务态度和服务艺术。

七是认真开展“创建诚信机场，争创诚信员工”主题诚信教育活动，针对员工的思想实际，要解决“心口不一”的问题，做到重诺言、守信用，言行一致。

八是发动引导广大员工和党团员积极开展诚信承诺签字活动，制定和完善各部门的《诚信文明公约》，建立“员工诚信档案”。

九是要组织开展形式多样的“诚信杯”各项活动。根据实际需要，不断推出新的服务项目和严格的考核措施，以满足个性化服务发展趋势，实现与国际惯例接轨。

信不由中，质无益也。——《左传》

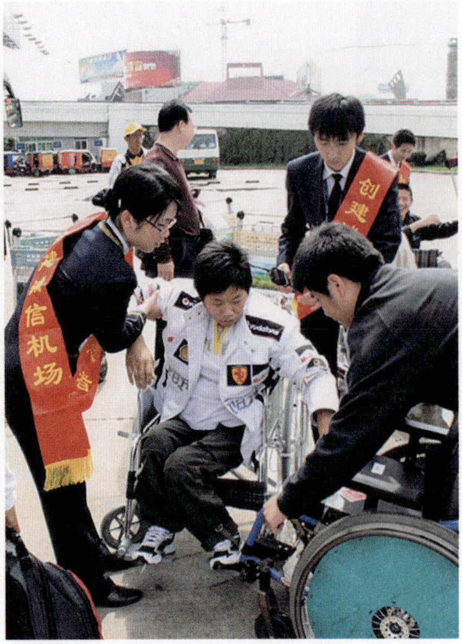

（十）兑现十项承诺

昆明机场郑重向社会了推出十项“诚信服务承诺”，具体包括以下内容：

一是工作人员按规定着装，持证上岗，挂牌服务，敬业爱岗，礼貌待客，旅客（用户）满意率达到85%以上。

二是办理旅客登机牌手续，头等舱、公务舱旅客等待时间不超过5分钟，普通舱旅客不超过20分钟。

三是旅客等待安全检查的时间不超过20分钟，并为老（70岁以上）、弱、残、孕、抱婴旅客及无人陪伴儿童提供专用通道。

四是残疾人专用服务设备齐全、完好，为特殊旅客提供的担架、轮椅、救护车等完好设备，并按规定提供相应服务。

五是在航班延误时，定时通告航班动态，按规定为旅客提供有关服务。

六是旅客到达行李提取处，航班第一件行李在15分钟内交付完毕，全部行李在50分钟内交付。

七是候机楼的营业性商店、餐厅出售的商品和餐饮，合理定价、明码标价，杜绝假冒伪劣商品，杜绝乱涨价、乱收费。

八是为旅客免费提供行李手推车服务，手推车集中存放待用，满足使用需求，散落空车在旅客服务区滞留时间不超过5分钟。

九是设立消费者投诉中心，保护消费者权益，维护航空运输企业及各相关服务单位的合法权益。

十是实行“首问负责制”，旅客为求帮助所找到的第一位工作人员有责任在确保准确答复或有效解决问题的前提下提供优质服务，否则必须将旅客指引或引导到能提供有关服务的单位或岗位。

科学家阿基米德有句名言：给我一个支点，我可以撬动整个地球。对于机场来说，这个极具效能的支点就是“诚信”。理想和现实之间，两千多名机场人凭借诚信的支点，去实现新的跨越与腾飞！

惟天下之所诚，为能化。——《中庸》

共同打造诚信机场 有效提升服务质量 为树立昆明国际机场良好服务品牌而共同努力

——昆明国际机场创建诚信机场倡议书

诚信是现代文明的重要基础和标志，人无诚信不立，业无诚信不兴，社会无诚信不稳。十六届三中全会通过的《中共中央关于完善社会主义市场经济体制若干问题的决定》指出：“建立健全社会信用体系，增强全社会的信用意识，政府、企事业单位和个人都要把诚实守信作为基本行为准则。”这一纲领性文件为我们打造诚信机场指明了方向。昆明国际机场作为中外旅客进出云南的重要服务窗口，其服务质量、品牌形象乃至事业的稳定发展，都与“诚信”两个字休戚相关。只有加强诚信建设，弘扬诚信为本的美德，营造诚实守信的氛围，将诚信作为准则来要求，诚信经营，诚信办事，诚信待人，诚信服务，创造一种相互信任、互相理解的好风气，有效提高服务质量，才能树立昆明国际机场良好的服务品牌，从而实现云南民航持续、快速、健康发展。

长期以来，驻场各兄弟友邻单位与机场精诚合作，密切协调，积极配合，对昆明国际机场各项工作给予了大力支持，昆明机场向你们表示衷心的感谢，并就共同把昆明国际机场创建成诚信机场发出如下倡议：

一、加强诚信建设的宣传教育。请驻场各单位结合具体工作广泛开展诚信教育，让创建诚信机场活动与行风建设、承诺服务、精神文明创建活动紧密结合起来，使“诚信”变成每一个人的自觉行动，形成一个人人参与、人人身体力行的良好氛围。

二、以创建诚信机场为目标，规范服务工作。请各窗口单位要长期开展服务质量自查、自检活动，对照先进找差距,对照标准找不足， 进一步创新服务理念、创新服务途径、创新服务本领，真正做到实践有行动，工作有推动,尊重旅客需求和服务规律，积极将国际质量体系认证融入服务工作中，进一步规范服务程序，使服务更加规范化、程序化、科学化，不断推动服务工作上台阶。

三、树立“五实”作风求实效。一是情况要

摸实，切实弄清楚旅客所思所想，潜心分析旅客心理特点，找到服务工作着力点；二是道理要讲实，各窗口单位要在出现航班不正常等情况下，站在旅客的立场上，换位思考,积极协调，主动做好服务工作，向旅客说明实情，赢得旅客理解；三是工作要做实，采取措施，杜绝机场范围内各单位人为原因影响航班正常率，进一步改进航班不正常情况下的服务预案，主动帮助旅客解决实际问题，为旅客办实事、办好事，以最直接、最有效的服务回报旅客；四是措施要抓实，将各项服务工作制度、措施和标准，始终贯穿于服务工作中，继续推行服务承诺制和首问负责制，优化服务流程，确保服务工作有实效；五是意见要落实，对旅客提出的改进性意见和对服务不满意的地方及时进行整改，切实提高服务质量。

四、诚信服务，融入真情。北宋思想家张载说：“诚善于心之谓信。”我们在服务工作中要提倡“热心”、“用心”、“倾心”、“爱心”、“细心”的“五心”服务，要求服务人员牢固树立“旅客至上”的观念，全身心投入服务工作，以诚相待，规范服务用语，强化服务意识，想旅客所想、急旅客所急，把旅客的事情当做自己的事情，把旅客的困难当做自己的困难，诚心诚意地为旅客排忧解难，以真情与旅客交流,让旅客感受到一份愉悦和温馨,为旅客创造一个美好的乘机环境。在目前我们的服务设施和手段还未达到最大限度地满足旅客的情况下，我们所要做的，是化矛盾为动力，探求解决矛盾的最佳途径，站在旅客的立场上，充分理解旅客的心理需要,以真诚的行动感化旅客。要做好亲情服务，对待旅客像对待亲人那样的热情，将亲情服务融入到点滴服务中。要对伤残人员、无陪伴儿童、老人等服务对象制定特色服务，让旅客感受亲人般的关心和帮助。

五、诚信机场，从我做起。构建诚信机场，服务诚信是重点，个人诚信是基础。做好诚信服务，要从我做起，从眼前做起，从身边做起，诚信从业，规范服务，共同营造诚信文明之风，共同打造昆明国际机场诚信服务品牌。

新的一年，新的起点。让我们共同努力，以“三个代表”重要思想为指导，求真务实，有计划、分阶段、按步骤开展创建诚信机场活动，做到点点滴滴体贴、分分秒秒优质、时时处处温馨，增强旅客与机场各单位之间的信任度，树立昆明国际机场“诚信机场、诚信服务”的品牌。

二〇〇五年五月十日

当信用消失的时候，肉体就没有生命。——大仲马

下篇 践行

“上士闻道，勤而行之。”昆明机场诚信建设历经博学、审问、慎思、明辨的艰辛历程，从每一位员工亲切的笑容、热情的双手中点点滴滴做起，一直笃行不懈，取得了明显的成效。然而，路无止境，只有始终坚持务实的工作作风、始终秉持真诚的服务信念、始终保持团结的共赢理念，稳步向前，才能真正以“诚信”筑就机场理想路。

诚信载道

第一章

统筹内外顾客，诚信做人

北宋著名的思想家张载说：“诚善于心之谓信”。昆明机场人的善良、热情造就了旅客口中的“诚信”。

要想真正发挥诚信的价值，就必须让诚信成为企业的一种好习惯。因为诚信的养成不是自然而然的过程，只有通过坚持不懈、持之以恒的教育和自我教育才能化作自觉的行动。而要真正做到坚持不懈，惟有让诚信成为员工认可的一种制度、一种文化，无论是企业领导还是员工，无论是老员工还是新员工，在这种制度的约束下、文化的熏陶下，真正将“诚信”渗透到工作的全过程。

昆明机场要在良好的外部环境中抓住发展的机遇，在未来激烈的市场竞争中处于主动地位，需要以诚信来对待员工，只有使员工满意，才能让他们更愉快地为客户服务，使客户满意，最终为企业带来良好的经济效益。

建立企业与员工同生存、共发展的命运共同体，是处理员工关系的根本出发点。建立一套科学合理的薪酬制度包括晋升机制等，合理利用利益关系是企业能否吸引人才，留住人才的关键。昆明机场在注重人力资源管理、职工思想教育、群众文化建设等多种方面开展以人为本的文化建设。

员工诚信是企业诚信的基础

诚信的种子

一位贤明的国王，决定从王国众多的孩子当中选出一个优秀的人才，培养成未来的国家栋梁。

国王的方法很独特，他给每个孩子发了一些种子，并宣布谁能培育出最美丽的花朵，那么谁就能够成为未来得到国家重用的人才。

得到种子后，开始精心培育，他们从早到晚浇水、施肥、松土，谁都希望自己能够成为那名幸运儿。

有一个贫穷的小男孩也分到了一些花种，虽然尽心尽力地培育那颗种子，但是花盆里的种子依然没有动静。小孩子觉得很沮丧，但是仍然决定前去参加比赛。

比赛的日子到了，孩子们穿着漂亮的衣服走上街头，他们捧着自己栽种的盛开的鲜花，等待着国王的挑选。国王乘着马车缓缓地在花海里巡视，但面对一朵朵争奇斗艳的鲜花，国王始终没有一丝笑容。直到看到捧着空花盆的小男孩，国王才露出欣慰的微笑并宣布这个小男孩儿赢得了这场比赛。原来，国王发下去的种子全部都是煮熟的，根本不可能发芽开花。

故事中的男孩儿因为“诚信”赢得了比赛和国王的青睐，并改写了他的人生。

诚信机场的创建同样需要机场分发一些诚信的种子，传递诚信的内涵，明确诚信的意义。让员工明确清晰地领悟员工诚信的内在意义和具体的行为要求。

员工诚信是机场诚信建设的基石，对形成良好的企业诚信文化，起着举足轻重的作用；员工做的每一件事、完成的每一项任务、发挥的聪明才智，都会极大地提升机场的诚信度；员工诚信，关系到机场未来的兴衰。

安德鲁·卡耐基曾说：“世界上很少有伟大的企业，如果有，那就一定是建立在最严格的诚信标准之上的。有一个名为“35次紧急电话”的世界性公共关系经典案例：

35次紧急电话

那是在日本东京奥达克余百货公司的一天下午，售货员彬彬有礼地接待了一位来买唱机的女顾客。售货员为她挑了一台未启封的“索尼”牌唱机。事后，售货员清理商品发现，原来是错将一个空心唱机货样卖给了那位美国女顾客。于是，立即向公司警卫作了报告。警卫四处寻找那位女顾客，但不见踪影。经理接到报告后，觉得事关顾客利益和公司信誉，非同小可，马上召集有关人员研究。当时只知道那位女顾客叫基泰丝，是一位美国记者，还有她留下的一张“美国快递公司”的名片，据此仅有的线索，奥达克余公司公关部连夜开始了一连串接近于大海捞针的寻找。先是打电话向东京各大宾馆查询，毫无结果。后来又打了国际长途，向纽约的“美国快递公司”总部查询，深夜接到回话，得知基泰丝父母在美国的电话号码。接着，又给美国挂国际长途，找到了基泰丝的父母，进而打听到基泰丝在东京的住址和电话号码。几个人忙了一夜，总共打了35个紧急电话。

第二天一早，奥达克余公司给基泰丝打了道歉电话。几十分钟后，奥达克余公司的副经理和提着大皮箱的公关人员，乘着一辆小轿车赶到基泰丝的住处。两人进了客厅，见到基泰丝就深深鞠躬，表示歉意。除了送来一台新的合格的“索尼”唱机外，又加送了几张唱片和一些礼品。当基泰丝询问他们如何找到她时，奥达克余经理打开记事簿，宣读了怎样通宵达旦查询基泰丝住址及电话号码，及时纠正这一失误的全部记录。

这时，基泰丝深受感动，她坦率地陈述了买这台唱机，是准备作为见面礼，送给东京外婆的。回到住所后，她打开唱机试用时发现，唱机没有装机心，根本不能用。当时，她火冒三丈，觉得自己上当受骗了，立即写了一篇题为《笑脸背后的真面目》的批评稿，并准备第二天一早就到奥达克余公司兴师问罪。没想到，奥达克余公司纠正失误如同救火，为了一台唱机，花费了这么多的精力。这些做法，使基泰丝深为敬佩，她撕掉了批评稿，重写了

与朋友交，言而有信。——《论语》

一篇题为《35次紧急电话》的表扬稿。

《35次紧急电话》的表扬稿见报后，反响强烈，奥达克余公司因一心为顾客而名声鹊起，门庭若市。奥达克余公司将一桩坏事变成了好事，不仅挽回了公司的信誉，而且还提高了公司的知名度和美誉度。后来，这个故事被美国公共关系协会推荐为世界性公共关系的典范案例。

（文章来源：百度文库）

奥达克余公司用35个紧急电话成功避免了公司可能出现的信任危机，并且赢得了美名。如果奥达克余公司的员工没有将企业的诚信放在第一位，没有严格执行企业承诺，那么这个故事又将会是怎么样的结局呢？

在故事当中，奥达克余公司售货员是造成失误的员工，也是造成潜在信用危机的始作俑者。但如果换个角度看，同样也可以认为这位售货员是拯救公司潜在危机的重要一员。试想，如果这位售货员当时想到的是“我并不是故意的，顾客发现了自己会过来换的，我没有必要操心，再说我现在就算着急也没有解决办法。她甚至有可能会想要隐瞒这件事，认为“如果我现在不说这件事，那么过几天旅客来换走了产品，公司领导和同事就不会知道了。”无论是哪一种情况，奥达克余公司都不可避免信用危机。

故事中的保安虽然不是关键角色，但其行为也能够一定程度上表现出公司的文化。首先，当售货员要求保安帮助寻找顾客时，保安可能会认为这不是他的错误，犯不着着急。而当他找不到女顾客时，如果在一种不崇尚诚信的企业文化环境下，保安可能会劝阻售货员将此事告诉经理，认为多一事不如少一事。

奥达克余公司经理和公关人员是故事中最值得称赞的两位。如果此事出现问题，那么他们完全可以责怪售货员，并且他们如果找不到女顾客也在情理之中，但他们却通宵达旦竭尽所能地寻找顾客。

诚信文化的核心是员工行为与企业价值观的统一。当解决某一问题的方法反复地起作用，当诚信成为员工愉快工作、获得成就感的必经之路时，诚信就进入了自觉、潜意识或无意识之中。对于个人来说，诚信是安身立命之本。古语有云：“人而无信，不知其可。”一个人要想在芸芸众生中占据一席之地，得到社会的认可，就必须要有诚信精神。在今天的这个社会中，信誉对每一个人来讲是一张无形的通行证。也许信誉并不直接写在你的档案里，但是，信誉是一个人的口碑，一个人做事如何，为人如何，这都会反映在口碑中，所以每一个人都可以在心中掂出信誉的分量。无论是奥达克余公司的售货员、保安还是经理、公关人员，他们都是因为将公司的“诚信”放在第一位，有着保护公司名誉的坚定信念，才得以圆满解决了问题。人都是有私心的，但作为企业的一员，就有义务为企业的发展尽职尽责，履行自己对企业的承诺。有的员工认为自己没必要自找麻烦去主动管企业的事情，但诚信的人在任何时候都会把他所服务的企业当做自己的企业一样去对待。

通用系统公式曾经作过这样的统计：如果全球市场中有一个消费者对某产品或服务的质量满意，他会告诉另外6个人；而如果不满意，则会告诉22个人。在昆明机场的诚信机场建设中，这个统计分析作为员工服务培训手册的内容来讲解，目的是让机场员工都必须了解：今天你为机场赢得了一位旅客的赞誉，也许事实上机场得到了6位旅客；而如果今天你失去了一位旅客的话，也许企业最终将失去22位旅客的良好口碑。

【诚信实例】

一切从旅客的角度出发

2007年11月20日，昆明机场9号候机厅里一幅用心谱写的温馨感人画面让所有在场的人终生难忘。一位年轻漂亮的地服工作人员，手捧一盒生日蛋糕向旅客们走来，整个候机厅空气几乎凝固，所有人的目光不约而同地投向这位美丽的姑娘，“祝你生日快乐，祝你生日快乐……”当到达一位女士面前时优美婉转的歌声适时唱起，顿时掌声响彻全场，她的爱心感动了在场所有旅客，许多旅客纷纷拿出相机将这一美好的瞬间定格为永恒。原来，昆明机场地服公司的工作人员薛丹，正在这里为旅客杨小姐举行一个特别的生日晚会。

2007年11月，由于民航空中交通管制等原因造成航班延误密集，大量旅客滞留。仅11月20日这一天，就有10个航班

轻千乘之国，而重一言之信。——孔子

不能按时起飞。当晚9时20分，同一时段的CZ3490、3496、3864航班均有不同程度的晚点，尤其是CZ3864航班的起飞时间还未确定，预计至少将推迟两个半小时。薛丹始终坚守岗位、履行职责，耐心地对每一位旅客提出的疑问进行详细的解释。此时，一位CZ3864航班旅客找到了地服人员薛丹，情绪稍显激动地质问道："怎么办？我们同行的杨女士现在不能及时赶回南宁过生日……"

薛丹就是从这句话细心发现了旅客的困难，并热心主动地寻求解决方法。因航班晚点，12点以前赶到南宁的希望已经微乎其微。"为什么不能在昆明机场的候机厅里过生日呢？"薛丹同志决定给这位旅客一个惊喜。

于是，薛丹通过拨打了114查询，终于联系到一家可以送货到机场的蛋糕店。没多久，生日蛋糕送到了总服务台。当薛丹手捧着插有蜡烛的生日蛋糕来到9号候机厅时，开头温馨感人的一幕就这样上演了。随着《祝你生日快乐》的歌声响起，许多旅客投来了赞许的目光，送出了热烈的掌声。此时此刻，旅客们已经完全为如此倾心的服务所折服，忘记了航班延误带来的烦恼。寿星杨小姐将切好的第一块蛋糕送到了薛丹的手中，她激动地说："我真没想到，在昆明机场的候机厅里过了一次非常有意义的生日晚会，谢谢你！"没多久，CZ3864航班落地，旅客们即将返程。当薛丹将这一消息通知旅客时，他们依依不舍地离开了候机厅。

机场及其航空运输公司、保障性企业提供安全、便捷、舒适的服务是基本要求。旅客通常对机场和相关方存在的不满，及机场内发生的旅客情绪化事件大都与航班延误有关，要么对延误后的安置和赔偿不满，要么对工作人员的服务不满……凡此种种，尽管也存在一些旅客的挑剔和刁难，但都还是与机场的管理和提供的产品质量有一定的关系。航空客户对其提供的服务有着更高的要求，机场的员工在工作时努力做到"服务质量标准化、服务管理规范化、服务过程人文化、服务内容差异化、服务态度主动化、服务水平专业化"，为旅客营造安全、舒适的乘机环境。

【诚信实例】

服务从心做，关怀点滴间

"您好，张力小朋友乘坐的CA4171航班已于8时40分起飞，预计于11时45分到达北京首都机场。小朋友将会得到我们服务人员全程的悉心照顾，平安愉快地度过一段美好的空中旅途，请您放

心，并祝健康快乐！”还在昆明机场的赵女士手机上收到这样一条短信后，顿时感到特别亲切温馨，刚才还因为自己孩子单独乘坐飞机的惴惴不安，刹那间消散了。

从2009年5月7日开始，昆明机场地服公司总服务台开始为每位前来办理无人陪伴服务的儿童、老人以及特殊旅客的家属或送行、接机人员发送温馨提示短信，告知准确的进出港时间，也可以根据旅客的要求，增加更多如天气、交通状况等服务信息，为前往送行和接机的家人提供了极大的方便，同时也让他们为孩子和老人的出行安全大大地松了一口气。

一直以来，昆明机场地服公司总服务台立足现有资源，依托现代信息技术，坚持以人为本，时刻从旅客的角度出发，把服务从点滴做起。手机短信温馨提醒服务的推出，不仅获得了广大乘客的认同，为旅客出行提供了方便，也使旅客感到了昆明机场尽心为旅客提供最便利、最贴心的服务。

【诚信实例】

120个小时的坚守

2011年1月20日，受天气影响昆明机场出现大量航班延误。机场地面服务工作人员连续120个小时坚守工作岗位，为百余架延误航班、12 000多名滞留旅客提供了历史上持续时间最长的延误服务。

在这紧张又忙碌的120个小时里，昆明机场地服人员为了缓解旅客焦躁的情绪，想了许多办法为他们排忧解难：婴儿哭了，他们捧上蜂蜜水缓解孩子的饥渴；旅客病了机场医务人员就会来到他们身边；还有，在第一时间帮助赶考的学生办理了改签机票……

在这需要耐心和爱心的120个小时里，昆明机场地服人员每隔半小时就向旅客通报一次航班情况，一次次地解释，一次次地鞠躬致歉；实在困了，就地随便打个盹；饿了，就用方便面充饥，焦急与抚慰、冲动与理智、不屑与热情、斥责与坚持，考验着他们的意志和耐心。五个昼夜，没有出现一起因航班延误服务问题引发的群体性事件，没有一起旅客的投诉，所有滞留旅客

君子养心莫善于诚。——荀子

均得到妥善安置。旅客走了，是带着感动走的。机场人笑了，是幸福而又温馨的笑。

在酒店行业中，六星级属于“超星级”的范畴。在诚信机场创建体系里，昆明机场提出“六心”级服务标准，是让员工通过“热心”、“用心”、“倾心”、“爱心”、“细心”、“耐心”的“六心服务”，牢固树立“旅客至上”的观念，全身心投入服务工作，以诚相待，诚信做人。

昆明机场大力倡导和弘扬基于诚信的“要学会微笑待人、要使用文明用语、要学会诚信待人、要学会宽容待人、要时刻准备帮助别人、要学会按规则办事、要尽心做好每件事”的“七要精神”，杜绝服务工作“冷、硬、等、推、拖”，以诚信做人为基准带领全体员工共同推进诚信机场建设。通过规范服务用语，强化服务意识，想旅客所想、急旅客所急，把旅客的事情当做自己的事情，把旅客的困难当做自己的困难，诚心诚意地为旅客排忧解难，以真情与旅客交流，让旅客们感受到一份愉悦和温馨，为旅客创造一个舒适愉快的乘机环境。

对于社会来说，诚实和守信具有伦理道德的规范性，并成为一种基本的社会道德价值观。它是人与人交往的重要内容，延伸到社会各个方面，包括经济、政治、法律、伦理的要求。在诚信发挥在社会各个方面的作用的过程中，它同时发挥了促进我国社会主义物质文明、政治文明、精神文明的健康发展，为全面建设小康社会奠定良好的道德基础的作用。

对于企业来说，诚信是一份宝贵的财富。“诚招天下客，誉从信中来”。企业适者生存，诚信是其根本。企业唯有恪守诚信，履行承诺，才能赢得顾客的信任，赢得企业在商品竞争中良好的经济效益和长久地发展。

“三杯吐然诺，五岳倒为轻”，对于个人而言，诚信是一种人格力量，是安身立命之本。古语有云：“人而无信，不知其可。”一个人要想在芸芸众生中占据一席之地，得到社会的认可，就必须要有诚信精神。在今天的这个社会中，诚信作为一个人思想道德素质最核心的外在表现，是社会度量一个人的“无形资产”，这笔资产如果丰厚，不仅可以获得社会的认可和信赖，还会使人内心充实，拥有健康的人际关系。

一个“诚信”的员工，能够自动自发地履行工作职责并真正做到积极实行企业的商业目标。

一个“诚信”的员工，能够凡事从企业的角度出发审视问题并时刻以企业的利益为先。

一个“诚信”的员工，能够恪守企业的经营准则，具备完美的服从和执行力，以企业利益为先，坦诚提出个人建议，积极帮助企业实现目标。

一个“诚信”的员工，能够积极改进企业产品，提升服务品质，帮助企业获得利益，提升企业良好形象。

员工诚信不会因机场的建设与通航而自然存在，其需要经过长期的培养，持续的诚信教育。多年来，昆明机场始终坚持诚信员工、诚信党员、诚信管理人员三支队伍的建设，通过现代人力资源管理，建立员工诚信档案、建立诚信奖惩制度、建立及时告知制度，规范了员工诚信行为；通过解决员工实际困难，开展丰富多彩的活动，加强对员工诚信意识的培养；通过在省内外、国内外各报刊杂志发表文章、发布信息，以及通过机场刊物、专栏的宣传，利用候机楼内各种视觉识别系统，树立了机场良好的外部诚信形象，将机场诚信贯穿于员工思想和价值观中，使机场诚信与员工诚信形成良好的互动关系。

北宋著名的思想家张载说：“诚善于心之谓信。”在昆明机场，这种时刻以企业利益为先，从企业信誉和服务对象等多方面考虑问题，并诚实正直地为机场文化和诚信品牌建设发展作贡献的员工有很多，他们用“六心服务” 和“七要精神”对待每一位旅客，以个人的诚信构筑着昆明机场的诚信品牌。

学贵信，信在诚。诚则信矣，信则诚矣。——程颐

诚信对待员工，激发人才活力

管理学家汤姆·彼得斯说过："企业唯一的、真正的资源是人，人是最有价值的资产，人不仅仅是劳动者，人的伟大之处就在于能创造价值，创造不同，创造奇迹。"所以，员工的主观能动性直接反映着机场的活力、机场的形象、机场实力和机场的后劲。

随着社会经济的持续快速增长，云南经济进入新一轮增长期；国际航空运输业保持良好发展趋势，中国民航整体进入快速发展上升期，运力快速增长，行业或机场间的竞争日趋激烈。昆明机场要在良好的外部环境中抓住发展的机遇，在未来激烈的市场竞争中处于主动地位，需要以诚信来对待员工，只有使员工满意，才能让他们更愉快地为客户服务，使客户满意，最终为企业带来良好的经济效益。

服务由内及外，内部员工满意度决定外部顾客满意度。我们把顾客分为内部顾客和外部顾客，内部顾客即内部管理关系，员工与员工之间、员工与部门之间、部门与部门之间、领导与员工之间、领导与领导之间都是顾客关系。相互提供服务，彼此为对方服务；外部顾客即提供产品的最终服务对象。机关为基层服务，地面为空中服务，全员为旅客服务。在昆明机场内部我们制定了内部顾客满意度调查表，通过开展内部满意度调查建立内部上下左右沟通的平台。通过企业战略解读和企业文化宣贯让广大员工了解企业发展战略、愿景目标、管理理念、改革举措及面临的压力和挑战，调动员工积极性，激发工作热情。

【诚信实例】

文化新风沁人心脾

音乐之声常入耳，翰墨之香随处闻。走进昆明机场，处处洋溢着文化的韵味：广场上，员工们正在展示歌喉；候机楼，处处是机场人快节奏的身影；办公区，励志格言、警示语跃入眼帘；文化室，书画爱好者们，正用笔倾诉着心中的美……

为了鼓励职工多读书、读好书，给职工创造良好的阅读环境，2010年8月10日，昆明机场职工活动中心试运营，其间的图书室为职工提供免费阅览，借阅服务。图书室藏书约4 000册，报刊、杂志30多种，并逐年根据职工提出的阅读需求，订阅相关杂志，对涉及民航航空专业技术指导类的业务书籍进行补充。

针对基层一线职工路途远、作息时间不一致、岗位学习需求高等特点，机场对现有职工图书室进行拓展和深化，以“贴近职工，贴近实际，服务基层”为根本原则，以改善一线职工的学习条件为目的，启动了“流动书屋”进生产一线活动，将书屋建在生产一线部门，方便广大职工阅读。把职工“流动书屋”打造成发展、繁荣职工文化的平台、职工读书求知的新天地、进取创业的加油站，真正发挥职工“流动书屋”在建设高素质职工队伍中的作用和意义。

昆明机场工会办公室在昆明机场一线保障部门分批设立“职工流动书屋”。2011年设立了运行管理中心、护卫部消防大队、安运部鸟防办三个“职工流动书屋”，每个书屋配备一个书架和一个报刊架。由各基层工会指定专人将所有书籍资源进行分类整理，针对各示范点不同工作岗位的需求侧重推荐一些贴近职工工作性质、岗位技能的书目。“职工流动书屋”采取自助式服务方式对本单位一线职工开放。各“流动书屋”书籍资源实行共享原则，按照图书每季度、杂志每一个月进行一次轮换和补充，以充分提高图书、杂志的利用率，方便职工借阅。

根据工会规划，2011年至2013年，昆明机场流动书屋将覆盖有条件、有需求的一线保障部门。每个书屋藏书量不低于100册，刊物达到

15种以上。通过在一线建立职工“流动书屋” 这一企业文化平台进行交流沟通，以方便职工学习、丰富职工精神文化生活、凝聚职工合力、提升职工整体能力为根本目标，进一步加强职工思想道德建设，深化“创建学习型组织，争做知识型职工”活动，把 “流动书屋”建设工作打造成内聚人气、外树形象的职工文化活动品牌。工会联合会将始终把“流动书屋”建设工作作为企业文化创建活动的重要载体，努力为职工群众提供健康向上、丰富多彩的精神文化产品，树立职工终身学习的良好风气，为建设和谐企业提供强大的精神动力。

与此同时，机场工会还成立了摄影爱好者协会、羽毛球协会等，定期组织摄影知识讲座，为机场一百多名摄影爱好者进行授课；组建昆明机场男子、女子篮球队，积极参与集团工会的篮球比赛。

每年，机场工会建立完善职工疗养档案，及时通知、解释相关事宜；利用调研及交心、谈心的形式，认真了解职工家庭的生活、工作状况，努力为员工排忧解难，仅2009年共为生病的职工发放了慰问品、慰问金及边远台站的慰问金额价值达6.5万元；对机场2009年考入大学的11名职工子女进行奖励申报工作；为700多名一线倒班员工解决了值班住宿问题。

昆明机场关怀员工不仅体现在为员工办实事上，更重要的是为员工成长成才提供平台，在机场与员工之间建立起共同的价值观，营造出互相信任、密切合作、和谐奋进的工作氛围。

人之可贵在于能创造性地思维。昆明机场坚持并确立的开放的人才价值观和公平的人才竞争观，打破了以往静态选人、用人制度，建立、健全了能上能下、动态管理的长效竞争机制，改变了职责不分、权限不明、功过是非不清的状况，初步建立了以品德、知识、能力和业绩为内容的评价体系，以职业道德为导向，以工作业绩论优秀，以工作能力为标准，真正做到能者上、庸者下、平者让。

按照云南机场集团公司建立绩效考核体系的要求，昆明机场结合实际，制订、完善了绩效工资考核分配方案和各级人员的绩效考核方案，优化、完善了《昆明机场绩效考

核办法》，在重点对考核期、考核指标和考核流程优化整合的基础上，制订了《昆明机场绩效工资二次分配方案》。

昆明机场积极为各类技术人才搭建培养平台，多渠道培养人才。通过创建“云岭青年先锋”和“青年文明号”等，使各类青年人才在实践中脱颖而出。目前，昆明机场具有大专以上文化程度的员工达到1 161人，占员工总数的63%；已聘任的初、中、高级专业技术职务人员为342人，占员工总数的18.6%；取得初、中、高级国家职业资格技能的员工人数达到925人，占员工总数的50%，全员整体素质不断提高。

人力资本作为企业制度安排的重要要素登上历史舞台，是生产力发展引起企业体制变革的必然结果。当代企业管理是以人为中心的管理，人力资源是当代企业最宝贵的资源，人力资源所具有的创造性和可持续利用性，是世界上任何一种物质资源所无法比拟和替代的。通用汽车公司前总裁史龙·亚佛德说过，“你可以拿走我全部的资产，但是你只要把我的组织人员留下来给我，五年内我就能够把所有失去的资产赚回来。”这深刻地说明了物质资产易得，人力资源难求的道理。因而，在创建诚信机场过程中，昆明机场始终坚持将人作为管理的中心，一方面挖掘、提炼和升华企业品牌；另一方面细化职责，以诚信对待员工，赢得员工的信任，换来员工的归属感和“以企为家”的奉献精神，让员工最大化地发挥个人的才能，使每位员工的才能都朝着有利于其个人和企业的目标和方向发展。

【诚信实例】

公平竞争择优选拔

2009年6月的一天，机场相关部门人员接到上级通知前往指定地点集合。到达后，大家主动上交手机等通讯设备，随后进入了一间设备齐全的完全与外界隔绝的房间。原来，来到这里的人员全是从机场各个部门抽调的中层干部或业内专家，他们来到这里只为了一个目的，那就是为即将举办的升职考试集中出题。从进入房间算起的4天内，他们与外界完全失去联系，以避免试题泄露。按照规定，试题将在第三天发放到考生手中，2小时的应试后，试卷被密封送往这里，由他们集中封闭阅卷。当天录完分数，并签字确认后，他们才能回家休息。

对于参与应试的竞聘者而言，这只是他们晋升经过的第一道程序，接下来，还有更为严格的面试、演讲等多个环节。自2005年开始，大学毕业到昆

海岳尚可倾，口诺终不移。——李白

明机场参加工作的大学生必须直接到基层单位锻炼，以后的每一次升迁也必须参加严格的职位竞聘。这一公平、公开的竞聘机制不仅适用于大学生，更广泛地适用于机场的每一位员工。从一线到机场，从生产岗位到管理岗位，从普通员工到三级机构以上的管理人员，从三级机构到中层管理人员，昆明机场建立起了一整套严密的人才选拔机制，从制度上保障了人才晋升通道的畅通。

多年来，昆明机场针对部分下属三级机构管理岗位空缺的情况，对7个部门共11个三级机构管理岗位，开展了民主推荐，根据综合考核成绩，25人续聘到二级机构管理岗位，56人聘任至三级机构管理岗位。通过开展管理岗位公开竞聘，不断健全、完善了公正、公平、公开和择优选人用人的机制，创新了人力资源管理的新制度和新方式。

坚持以人为本，尊重员工主体意识

尊重员工的主体意识，就是充分肯定员工在生产经营活动中的主体作用。多年来，昆明机场努力创造条件，使员工们意识到其工作的结果对自身有意义，值得为之奋斗；同时又能意识到其工作对机场和社会有意义，应该为之效力。让每个员工都感到主体意识得到了尊重，能充分发挥自己的能力并实现自己的价值，由此而激发出劳动热情和工作积极性。

尊重员工的主体意识就要满足员工的合理需求。机场各级管理者和各项规章制度都把关心员工利益作为出发点，努力帮助员工解决好收入、保险、住房、就餐、医疗、交通、劳动条件等方面的实际问题。另一方面，机场各级管理者察人入微，有针对性地使员工在工作上和事业上被肯定和尊重，从而获得心理上的成功感和满足感。有意识地为员工提供条件，创造机会，努力做到“英雄有用武之地”，人尽其才。另外，通过演讲、征文、摄影、美术、书法、各种比赛、展览、联欢等丰富多彩的有益身心健康的文体活动，提高员工的生活情趣，陶冶员工的精神情操，增进员工的感情交流。员工的合理需要在机场越是得到满足，就越会把机场的事业当做自己的事业。

坚持以人为本，培育员工忠诚度

机场员工是机场从事安全生产、优质服务和经营活动的主体，是机场创造财富的“财富”。多年来，昆明机场有效地开发人力资源，注重从人性的特点出发，研究和探讨员工的行为，以铸造员工对机场的献身精神，增进员工对机场的忠诚度。一方面研究和探讨员工在其思想和心理因素支配下所表现出来的外在行为，树立现代“双赢”的价值观，自觉接受先进的管理理论和现代化管理方法，自觉地了解、尊重员工，保障员工的合法权利和正当利益。另一方面从员工的角度出发，当员工自身的权益在机场得到体现和保障，才会对机场产生向心力和忠诚度，才会从根本上意识到自身的业绩和集团的效益与前途是直接相关、紧密相联的，机场的良好发展是自身在现在和将来获得稳定的经济收入、避免失业威胁的一个现实保障。只有这样，才能在心理和行动上与机场同甘共苦、荣辱与共，不遗余力地为机场作贡献。

多年来，机场在制定企业发展目标时，努力构造一种公平、透明、参与的机制，要让每个员工了解并认同机场的发展目标，从而自觉地将企业目标化为自己的目标，并为实现这一目标而同心协力，自觉奋斗。机场管理者还通过一定方式及时让员工们知道机场在实现目标的过程中所遇到的困难以及相应的对策，并广泛组织员工们参与企业决策的讨论，听取他们的意见和建议。既达到了集思广益的效果，又促进员工们增强对企业的归属感。只要员工真切体会到机场的兴衰成败与自己息息相关，就会在潜移默化中将机场战略目标和价值观内化为自己的价值观，实现与机场目标的一体化，最终形成“命运共同体”。

国保于民，民保于信，非信无以使民，非民无以守国。——《资治通鉴》

坚持以人为本，不断激发员工创新精神

员工的创新精神，是推动企业追求新产品、开拓新市场、实现新价值，不断发展壮大的内因所在。激发员工的创新精神，就必须对沉淀在员工心灵深处的传统文化影响，加以分析甄别，在取其精华，去其糟粕的基础上，更新员工的思想观念，使员工的创新精神真正焕发。

加强机场内部对人力资源的开发与管理。必须彻底改变传统的经营观念和人才意识，学会以科学的人力资源管理理论为指导，建立合理的制度化、人性化的现代管理机制，培育优秀的企业文化，努力激发机场员工的创新精神。注重科学分工，按照分工履行职责；建立科学的人才选拔机制，给人才以平等的竞争机会，真正让懂管理、善经营的人才担任企业要职；健全劳动用工制度，规范劳资双方的权利、义务；尊重和满足下属的自尊心，建立与员工的对话制度，改善沟通，及时听取员工对企业提出的意见与建议；建立科学的业绩考核体系，强化管理，控制成本，提高效益，充分调动员工参与企业管理的积极性，努力培育团队精神。

坚持以人为本，为人才构筑施展才华的舞台

在企业中，“人力资本”专指技术创新者和职业经理人，与作为出资人资本的“货币资本”是平等关系。所以，机场的各级管理者在很大程度上关系着企业的兴衰。当优秀人才晋升到一定的企业管理岗位时，就应当授予相应的权力，让他们真正站在企业经营管理第一线，能够在第一时间段精确地了解情况并及时进行决策或有效执行。多年来，机场管理层着力抓好企业的发展战略规划和人才培养，努力为机场优秀人

才构筑施展才华的舞台，给予他们足够的施展个人才智的空间与权力，放手用人，让精英人才的自我价值在企业的经营管理中得以实现，以此来满足精英人才的自豪感与成就感。

在构筑人才施展才华的舞台的同时，昆明机场高度重视人才的教育培训，积极帮助他们自我成长。进行有效的教育培训，积极帮助人才进行自我完善是提升人才企业忠诚度的一项极为重要的工作。努力培育精英团队，使学习成为每个管理者的自觉行为，主动地按照企业发展需求进行相应的自我提高，让每个人才都能感受到自己在精英团队中通过与同事的交流就可以收益更多，进步更快，从而产生工作的自豪感、快乐感，在不知不觉中形成凝聚人才的企业磁场。

建立企业与员工同生存、共发展的命运共同体，是处理员工关系的根本出发点。建立一套科学合理的薪酬制度包括晋升机制等，合理利用利益关系是企业能否吸引人才、留住人才的关键。昆明机场在注重人力资源管理、职工思想教育、群众文化建设等多种方面开展以人为本的文化建设。特别是公司在“人尽其才、各就其位、能进能出、能上能下”的思想指导下，制定了一系列旨在提高员工专业技能、竞争意识、贡献率的制度环境，培养员工树立“博学进取、提高素养”、“求真务实、奋发向上”的进取精神，营造人本文化。正是因为昆明机场有了良好的选人用人机制，有了诚信机场这个员工展示自身才华的广阔舞台，“诚信机场”创建工作才能一路凯歌，繁华盛开。

诚之一物，存诸之则忠，加诸人则恕。——元好问

传递诚信带来最大的激励

【诚信实例】

质朴光芒照亮平凡人生

在暮色中，飞机加足马力从跑道上呼啸而过，达到起飞速度后脱离地面，披着最后一道余晖消失在远方。刚刚完成交接班讲评的苏俊山抬头注视着飞机划破长空，十来年了，他养成了这个习惯，只要闲暇时间，他都会停下来关注飞机起降的全过程，他说，无论起飞还是着陆，飞机那一刻的平安会让我很安心，很快乐。这或许就是苏俊山能在机场坚守十四年如一日的动力源泉。他热爱这份工作，对生活充满了感恩。

从懵懂到坚韧，农小伙成为航空卫士

1997年，20岁的苏俊山离开家乡禄劝县，怀揣着憧憬和理想来到昆明务工。一个偶然的机会，他进入了云南省民航公安局候机楼派出所参加工作。当时，民航业可以说是一个神秘而又被社会大众艳羡的领域，他非常珍惜这份工作，把所有的精力都放在了岗位上。为迅速找准工作状态，他把勤奋当做敲门砖，随时跟着民警在候机楼内开展治安巡逻防范，从中认真学习民警良好的工作作风和积累安全保卫的工作经验。通过坚持做到眼勤、手勤、腿勤，时刻观察每一个角落，注意发现安全问题，他逐渐培养出治安工作的敏锐度和洞察力，积极协助处置违法犯罪案件，成为民警的得力助手，还多次发现并配合民警查获体内藏毒人员，受到上级领导表扬。2003年，昆明机场组建航空安全护卫部，苏俊山被调入护卫部工作。为了发挥他多年安保工作经验的

优势，部里指派他先后担任了候机楼护卫中队、护场中队和安检一中队中队长。从那时起，苏俊山开始了基层管理之路。虽说中队长不是官，但是在班组建设中，中队长必须发挥承上启下的关键作用。为了做好中队管理工作，苏俊山同样用他勤劳朴实的价值观，全身心地扑在了岗位上：一方面他加强自身学习，利用业余时间刻苦学习政治理论知识和业务技能知识，不断提高自身素质，先后获得大专文凭、安护中级、以及安检初、中级等证书；另一方面结合工作实际，刻苦钻研，努力探索新形势下机场安全管理的特点和需求，从制度建设和作风建设入手，狠抓中队管理，完善并落实各项规章制度，组织岗位练兵和业务学习，使所在中队的业务水平有了较大的提高，队员精神面貌也改观不少。在他的带领下，班组多次获得护卫部“安全班组”建设流动红旗，并数次被昆明机场评为先进班组。同时，为增强现场处理突发事件的能力，苏俊山带领队员们紧抠规章制度和作业技巧，用长期积累的一线工作经验分析研究机场控制区道口管理工作，摸索出一套模拟现场测试演练的训练方式，帮助队员们练就在任何情况下能从容应对、妥当处置突发事件的过硬本领。就这样，苏俊山靠着坚强的意志和兢兢业业的作风，从一名少不更事的农家孩子成长为优秀的民航护卫中队长。

诚无悔，恕无怨，和无仇，忍无辱。——林逋

“我只是一名普通的护卫队员”

虽然苏俊山在中队管理中积极发挥管理职能，为了严守安全规章，严格落实安全措施，在管理时他还因坚持原则没有少“得罪”人。但在日常工作中，他永远是身先士卒、冲锋在前，用最朴实的行动感染着中队里的每一个人。提起苏俊山，一中队的人无一不竖起大拇指：苏队长，好样的！队员们最津津乐道的是在2007年和2008年机场遭遇洪灾之时，为了给相关部门及时汇报水位变化情况，坚守机坪护卫职责，苏俊山脱了皮鞋光脚冲

进积水区，在半腰深的水里一泡就是几小时，直到洪水退去，他才发现自己的脚已被泡得发白发涨，毫无血色。同时，苏俊山还是一个非常热情正直的人。多年来，不管是同事、旅客还是陌生人，只要有困难找到他，他总是尽自己绵薄之力为他们排忧解难。不仅坚持文明执勤、有礼有节，他还尽量帮助老、弱、病、残及孕妇旅客，把热心助人变成了自觉的行动，受到旅客的好评和赞扬。更让人钦佩的是，在2005年10月，他所带领的护卫队员捡拾到旅客遗失的48 000元港币和诺基亚手机等贵重物品，面对巨额现金及贵重物品，苏俊山不被金钱诱惑，坚持原则，积极找寻失主，及时把物品归还给主人，并婉言谢绝了失主的酬金。这事在《春城晚报》刊登后，引起了社会广泛反响，纷纷传唱苏俊山拾金不昧的事迹，昆明机场的“诚信”口号也被越喊越响。此后，又有一位外国旅客遗失的2 000多欧元、大量美金及旅行支票等贵重物品通过苏俊山的双手完璧归赵，他诚实守信的举动得到了国内外旅客的好评。这些年，苏俊山工作中吃苦耐劳、正直无私的事迹受到昆明机场、集团公司等各级领导的多次表扬，也被授予过很多荣誉，但是在同事们的敬佩、上级的表扬、旅客的称赞面前，苏俊山从不沾沾自喜，总强调自己只是一个普通的护卫队员，只是做了份内的职责。实际上更多的时候，他是打心眼里感谢社会、机场给予他的一切，珍惜现在所拥有的一切，从这，实则感受到的是一份感恩和快乐工作的智慧。

这样一个普普通通的人，或许在机场的某个角落你还与他擦肩而过却不曾记得，而内心朴实的执著，让苏俊山身上有了圣洁的光芒。他隐忍着对家人的眷恋，全身心投入民航安全事业，带着对未来美好的希望，在时光的洗礼中成长为蓝天下的航空卫士，庄严的承诺，坚守的信念，是人生路途中不灭的灯塔，是建设航空安全值得信赖的尖兵。

【诚信实例】

三尺柜台显身手　一脸微笑写真情

“刚才冒犯了，真的谢谢您了，遇到您上班是我的福气，以后我还会坐你们的航班，回来我们请你吃喜糖！”一对年轻人激动地握住一名身着东航制服人员的手。

“不用客气，今天谁来上

班都会这么办的，时间不多了，尽快进去吧，有事打我电话，祝你们旅途愉快！”工作人员微笑着对他们说。

这是发生在2011年3月11日昆明机场安检特许通道口的一幕。这名工作人员叫李晓翼。李晓翼，女，东航云南分公司国内值机候补柜台主任，2002年进入东航云南分公司，在长期的工作实践中，成为东航一名业务熟练、作风优良的基层值机中坚力量，为业内外人士所传颂。

投诉与感动

事情是这样的：一对新婚夫妇计划从昆明赶回老家成都，于3月12日举办婚礼，二人赶到机场时，航班值机已经关闭，后续航班电脑显示已经无座。男乘客来到柜台发着脾气：“我的请贴都发出去了，这咋个整啊？”女的则说：“闹呗，今天走不成我就坐在这里！”说完就拍起了柜台，要求给其换登机牌。

“先生，您的航班已经关闭了，确实走不了这班了，您别急，我看看有没有办法。”李晓翼微笑着对客人说。

“快点快点，今天走不了我就叫你们公司赔偿！”旅客不耐烦地说。

李晓翼有条不紊地联系地服部票务柜台、市场部座控部门以及运控调度部门，终于在当天的最后一班清出了两个座位，立即用娴熟的业务指导旅客到票务柜台改签。

旅客临走还丢下一句话：“看来还是闹起来好啊，我要投诉你！”

李晓翼仍旧微笑对他们说：“先生，请走好！这是你们的运气好，与吵闹没关系，我的手机号是138XXXXXX，有事可随时找我。”

旅客悻悻地离开了柜台。

可是，就在旅客欲赶往最后一班飞机的路途中，又一次面临误机危险！路遇昆明东二环大堵车！这下他们傻眼了，小两口开始相互埋怨，情急之下女乘客想起了李晓翼留的电话号码，没想到投诉变成了求救，便试着打了电话。当旅客满头是汗跑到主任柜台

人背信则名不达。——刘向

时，航班距起飞时间只有20分钟了。

“估计你们排队来不及了，我带你们快捷安检通道！”李晓翼果断决定。

于是出现了开头的一幕……

微笑与严厉

地面服务部候补专柜是东航云南分公司唯一的候补柜台，地方不大，约有三尺宽，仅能容纳两个人和两台电脑，但这里却承担着旅客“应急候补”、“因公行李”、“逾重行李”、“国际中转”等特殊业务。李晓翼就是在这个柜台里，每天重复同样的工作，总是用真情和微笑迎送着世界各地旅客。作为负责人，李晓翼将微笑服务理念传递给身边的同事，不断用行动感动着旅客，感染着同事，同事都亲切地叫她“晓翼姐”。

有一次，柜台员工小王不解地问：“晓翼姐，刚才我看见有几名旅客都要骂您了，您几句话就把人家的脸“阴转晴”了，您用了什么秘诀啊？”

“两个字：微笑！要真心微笑服务”，晓翼不假思索地答道，“把我的微笑带给每一位旅客，把我的快乐传递到任何角落。”这是国内值机的值机主任李晓翼的服务理念。每天早晨，她总是组上第一个到达柜台的，第一件事就是把所有值机柜台的电脑提前打开，方便值机员一上柜马上就能为旅客服务。她在组里主要负责服务方面的监督管理和巡视工作，每天航班的高峰时段，都能

听到她清楚明亮的广播声音，给旅客安排办理手续柜台，请在柜台前等候的旅客按顺序排队，清理团队柜台的团队等候人员退出隔离带，提醒旅客携带物品的限制等等。对于每一位需要帮助的旅客，她都能详细地询问清楚他们的需要，如果遇到第一次乘坐飞机的旅客，她会很详细地把每一个步骤告诉给旅客，让旅客清楚所有程序后才放心看着旅客离开。

对于服务工作，李晓翼有一套自己的服务方式，针对东航加入天合联盟，服务标准就有了更严格、更细致的规定，SKYTRAX服务星级要求达到五星。她按照国内值机室制定的服务标准，自己先模拟演练然后给组员一一作示范，耐心细致地纠正每个步骤做得不到位的地方，直到全组人员都达到了标准。

她工作认真负责，热情周到，很多旅客在柜台办理完乘机手续后，都是很开心地离开，并且记住了这位工作人员的微笑，有时候都会在柜台上听见旅客说：“哎，小姑娘，又是你啊！上次也是你帮我换的登机牌，还记得吗？”

这句话已经是最大的奖励了！这是旅客真情的表述！李晓翼如是说。

诚信机场创建工作正是因为在各个单位、各个岗位上有着无数像李晓翼一样真诚热情服务的优秀基层员工，以他们乐观向上的精神，积极进取的心态，默默奉献在一线，带动着云南民航整体服务水平的提升，践行着全心全意为旅客服务的诚信承诺。

精诚所至，金石为开。——王充

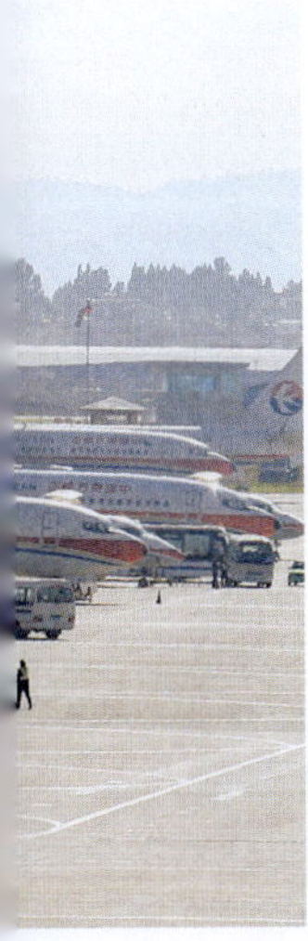

员工诚信是企业诚信体系的基础，员工诚信水平是衡量一个企业文化水平和发展前景的重要标准。员工的诚信建设，要从中华民族的传统美德和传统文化吸取诚信思想的精华，并将其发扬光大，一切在市场经济下从事经营活动者都必须遵守诚信这一商业道德。除了诚信管理体系的规范化和标准化外，员工在诚信服务过程中还需要练就高超的“洞察力”。如果能够在旅客排长队办理值机手续时给予足够的关注和安抚，对有紧急事情的旅客给予特别关照，那么就可以降低旅客的担忧和排队的怨气；如果服务人员在旅客坐下后及时送上一杯解渴的水或一块擦脸的毛巾，那么就可能化解他们大热天提着行李赶飞机的郁闷呢；如果在旅客长时间等待延误航班产生急躁情绪时，能够及时传递信息或通过其他措施进行服务补救，那么很可能让旅客平和地接受暂时的不到位；如果服务场所或服务环境是一个秩序井然、自然优雅的地方，那么旅客也许会受到环境的影响而改变自己的态度或行为。真诚和无私的奉献才会真正感动旅客，赢得他们的信赖，同时也是赢得对自己的激励。

凝聚诚信彰显团队的力量

【诚信实例】

不畏严寒战暴雪，冰雪更显云岭情

2009年11月以来，全国北方大部分地方天气开始降温，大雪先后覆盖了北京、河北、山西、陕西、河南等七省，石家庄、太原、西安、郑州等地。连日的恶劣天气，迫使全国大部分机场出现不同程度的关闭，航班大面积延误和取消，大量旅客因此滞留机场，给机场的地面服务保障带来了巨大压力。据统计，11月8日至11月15日，昆明机场代理的航班取消43班，延误124班，延误时间大都在3个小时以上，延误旅客14 912人，滞留积压旅客2 589人。为保障航班安全、有序运行，把旅客受到的影响降到最低，云南机场地面服务有限公司启动了大面积航班延误保障应急预案，周密部署各岗位的职责，要求各部门值班经理靠前指挥、深入现场，准确掌握各类信息和旅客动态，及时解决现场的突发事件，做好延误旅客的服务保障工作，杜绝群体事件的发生。

众志成城　全力以赴担重任

几场大雪将北方带入了严冬，也把冰雪的考验提前带给了全国的各个民航单位。作为昆明机场地面服务保障单位，地服公司为保障好延误航班旅客的后续服务工作，各个部门整体联动，密切配合，群策群力，一切从服务、安全出发。生产协调部积极与昆明机场运管中心和代理航空公司工作人员保持密切联系，确保信息准确和畅通，以最快的速度把信息传递到旅客服务、客运等部门；客运部增开值机柜台，增派主任柜台人手，为旅客办理退票、航班合并、改签，行李提取等手续，做好旅客的解释和疏导工作，最大限度地减少旅客的损失；旅客服务部员工加班加点，对进入候机厅的旅客，及时发布、粘贴航班延误广播和通知，每过30分钟用扩音喇叭向旅客告知一次航班信息，耐心做好旅客的解释工作，确保延误餐食饮料及时发放，保证滞留旅客能够吃到热饭热菜，并向公交公司和旅游公司联系车辆，提前预定酒店和餐食，以保证及时接送在宾馆休息的滞留乘客；总服务台随时接受旅客询问，在第一时间内通知乘客航班情况；平衡结载部严密监控航班最新动态，及时调整飞机平衡数据，确保飞行安全，在接到航班可以起飞命令后快速、准确制作载重平衡表上机；车辆服务部紧急调动所有车辆，增派驾驶员到岗待命，全力保障旅客运输正常有序。

顶住压力　诚信服务暖人心

11月12日，由于西安、济南、郑州机场一直关闭，北京机场出现降雪后航班便开始延误，昆明机场共有25个航班受到直接影响发生延误，上午被滞留1小时以上的乘客达1000多人，再加上中转、联程等航线，还有40多个航班被延误，滞留1小时以上的乘客达到5000人左右。北方的暴雪提醒我们，这是一场没有硝烟的战斗。面对突如其来的情况，地服公司沉着应对，提早行动，坚持领导靠前指挥，员工责任到位，各生产部门密切配合，全体员工在公司领导的带领下，立即投入到保障航班的战斗中，从容应对各种不正常事件，顺利保障了多个延误航班。

航班大面积延误，候机大厅内的旅客情绪逐渐激动起来，围着地服公司工作人员询问航班情况，并以各式各样的理由要求赔偿。地服公司旅客服务部、总服务台、客运部的全体人员在候机

夫君子之行，静以修身，俭以养德，非淡泊无以明志，非宁静无以致远。——诸葛亮

大厅为旅客们耐心解释航班延误、取消的原因，悉心照料身体较差的老人、孕妇和儿童，及时安排、疏导部分旅客登机。遇到一些情绪较为激烈的旅客，地服员工们坚持“不与旅客发生纠纷，尽力保障旅客成行”的原则，不急不躁，诚信优质服务。听着认真的解释，看着工作人员顾不上吃饭、休息，渐渐地，旅客们激动的情绪平复了，一些旅客还主动帮助工作人员向其他旅客进行解释，维护现场秩序。

不畏艰苦　无私奉献显诚信

12日晚，当郑州机场因大雪天气关闭后，地服公司延误组马上致电询问协议酒店的入住情况，抓紧做好安排旅客住宿的准备，并积极联系车辆，以便能在第一时间把旅客送往酒店，避免大量延误旅客滞留机场。在安排好郑州航班旅客的住宿后，延误组突然接到航空公司通知——西安大雪机场关闭，航班取消。根据以往经验，估计机场关闭的情况将会持续几天，延误组立即通知所有组员次日将改为早、中、晚三班制，并取消一切请假，以最大努力来保障昆明机场的正常秩序，而此时已是夜里凌晨1点。

刚刚保障完出港航班的旅客，服务部“微笑”班组员工王琳瑶，经过候机厅时看到一位年近七旬的老人焦急地张望，不停地踱步，她急忙上前询问老人。原来老人刚从深圳过来，由于航班延误，原定要去成都的航班已经起飞半个小时了，老人一脸茫然，不知所措。她一边安慰老人，一边给老人耐心地解释后续服务，搀扶着老人，帮助老人顺利签转到第二天的航班，在送老人回宾馆休息时，她主动留了自己的电话号码，表示随时帮助老人。次日清晨，她利用闲时把老人送上飞机。老人万分感激，不停夸奖她认真负责的工作态度和热情服务的精神风貌。

HU7166航班因为重心平衡的问题需要上机调换旅客的座位，平衡结载部员工徐秋冬拿着载重平衡单向坐在飞机里的旅客解释着调换座位对飞行安全的重要性，一位因等待时间过长而异常焦躁的旅客双手扒在座位上嚷嚷道：“你们这是哪门子的服务啊？一会航班延误，一会又要调换座位，这个座位我是付了钱的，你说换就换啊！”面对这样的情况，徐秋冬始终保持微笑，耐心解释、劝说着，终于让旅客换了座位，确保了航班的安全。

由于航班延误面积大、旅客延误数量多，旅客服务部延误组员工已经连续奋战了几个日夜，再加上候机楼内外温差较大，有的员工患上了感冒，打上了点滴。

为了做好服务保障工作，一位快要步入婚礼殿堂的新娘义无反顾地放弃了紧张的婚礼准备，一名员工在家人辞世的悲痛中仍然在旅客面前展露笑容……

无私的奉献给昆明机场的严冬带来了阵阵春风。地服公司所有员工顶着巨大压力，终于在几个不眠之夜后，顺利地送走了由于暴雪导致的延误航班和旅客，用自己的实际行动、专业的态度和无私奉献精神，彰显了地服公司服务社会的责任和使命。

航班还在延误，有的甚至取消。很多地服公司的员工都在坚守着岗位，泡上一碗方便面加上一根火腿肠，就是他们的夜宵，休息室的椅子上能看到他们互相依偎着小憩，奔来跑去的忙碌已然让大家疲惫不堪。地服员工用真诚打动了旅客，这一张张在严冬中绽放的微笑，成为昆明机场最温暖的符号，他们用自己的实际行动证明着专业的服务态度和无私的奉献精神。

万众一心融冰，众志成城化雪。尽其责，履其义，践其信，众志成城谱篇章，冰雪过后尽开颜。北方的暴雪难以避免，但暴雪带来的危害可以降到最低；暴雪加大了昆明机场地面服务保障工作的难度，但地服人在暴雪中成长、成熟，地服公司的企业精神也在得到升华。在这场抗击北方暴雪、保障航空运输的战斗中，昆明机场地面服务人员没有退缩，他们上下齐心，以无比的爱心、勇气、毅力、诚信、耐心和智慧经受住了一次次突发的严峻考验；他们发挥着整体协调作用，用自己真诚的微笑和热情的服务在严冬里每位旅客的心中洒下了无限温暖，用自己敬业的精神和优质的服务证明了航空地面诚信服务品质。

“以一当十并不难，难的是以十当一。”个人价值除具备独立完成工作的能力外，更重要的是富有和他人共同完成工作的能力。在企业当中，团队是一个有机整体，只有团队合作，才可能更好地达成企业目标，更好地达成顾客的满意度。

“诚信机场”创建是昆明机场人共享的观念、信念、价值和行为规则，是全体员工共同的行为模式。企业资源是有限的，使有限的资源创造出更大的利益和价值，只有通过团队协作才能实现。世界上没有完美的个人，只有完美的团队。一个积极向上的团队能够鼓舞每位员工的信心；一个充满斗志的团队能够激发每位员工的热情，每个员工都应该具备团队精神，融入团队，以整个团队为荣，在尽自己本职的同时与团队成员协同合作，共获成功。

若有人兮天一方，忠为衣兮信为裳。——卢照邻

【诚信实例】

服务无止境，贴心伴您行

昆明机场安全检查站彩云班组结合企业诚信文化建设，不断探索安检服务品牌的建设，将规范安检检查、提升服务质量作为发展方向，打造了具有安检特色的安检四大队VIP分队为“创品牌、树形象”的标兵队伍，并于2009年4月挂牌成立了“彩云班组”。

安检站“彩云班组”的成员完全由女员工组成，班组人员平均年龄在25岁，是一支充满青春和活力的年轻女员工队伍。她们担负着省部级以上领导以及重要外宾的安全检查任务，组建时就以规范岗位操作，优化安检流程，创建“最佳服务”为目标，以规范管理、提升素质、开拓创新为根本，以优化环境、诚信服务为核心，并以完善服务措施、改进服务质量、提高服务效率入手，大力倡导文明服务，努力营造和谐氛围，取得了“内强素质，外树形象”的良好成绩，为昆明机场安检站的班组建设树立了标杆和榜样。

保安全、促服务是安检的工作宗旨，“彩云班组”是直接面对VIP贵宾的窗口，其工作人员素质的高低，直接影响到昆明机场安检的形象。为此，“彩云班组”在统一思想、提高认识的基础上，坚持不懈地狠抓了素质教育，从根本上提高了班组成员的综合素质。

“彩云班组”在安检站制订的政治、业务教育培训年度计划的基础上，还制订了详细的班组工作人员素质教育培训计划和政治业务学习制度，规定培训课程依次以政治思想教育和业务技能培训为主。“彩云班组”工作人员接触的是重要的贵宾，他们整体素质较高，对服务质量的要求也比较高，“彩云班组”工作岗位的特殊性，要求工作人员不仅要有较高的业务技能，还要有较高的文化素质，“彩云班组”在队伍中开展“三爱”（爱祖国、爱公司、爱岗位）、“三优”（优良秩序、优质服务、优美环境）、“三学”（学特色理论、学时事政治、学身边典型）、“三讲”（讲政治、讲正气、讲奉献）、

“三德”（职业道德、社会公德、家庭美德）的“五个三”教育活动，帮助大家树立正确的“三观”（人生观、价值观、世界观），提高班组全体人员的文化素质。

环境是一个单位文明程度的外在标志，它既可以反映单位的兴衰，也体现出职工的精神风貌。创造一个优美的环境是建立正常工作生活秩序的基本条件。在环境美化中，美化服务室的文化墙，使之成为员工思想、工作、生活的交流平台，活力班组文化，形成热爱工作健康生活的积极氛围。她们利用有限的资源将VIP通道装点得温馨舒适，配以鲜花、植物等；还改进了以往给旅客距离感的验证高台，创新了开放式验证口，和旅客“亲密接触”；班组全体成员统一着装，细化到发饰、妆容、鞋袜等，体现了他们绝对的专业素质，配戴标识徽章，做到“党团身分亮出来，平时工作看出来”。为了提高服务意识，树立品牌形象，在制服创新过程中，她们将领花换成了丝巾，七彩的丝巾和班组的含义无形地融合在一起。在丝巾的衬托下，姑娘们的笑容更加灿烂，也改变了以往安全检查的硬朗。当她们以会心的微笑将要客引入通道，要客所感受到的不再是例行检查，而是“彩云班组”的专业精神和贴心服务。

“彩云班组”为突出树立安检新形象，发挥安检服务窗口作用，合理设置岗位配置和明确岗位职责，树立了以“创平安诚信品牌，树安检美丽形象”为口号；以“安全第一、服务至上、和谐发展”为宗旨；以“加强工作责任心，在保证安全的同时，打好服务的翻身仗，从而转变行业作风”为工作思路；以“加大规范操作的力度、狠抓执勤细节，切实做到严查细查，统一检查标准”为安全工作目标；以体现以人为本，和谐安检为服务目标；“以客为尊，以礼为先”工作方式的团队文化建设，形成了

自谋不诚，则欺心而弃己，与人不诚，则丧德而增怨。——杨时

有班组特色的文化体系。

完善“彩云班组”基础建设，规范窗口创一流。彩云班组成立伊始，就承担认真履行安检职责，做好特殊时期保障工作，全力保障空防安全。“彩云班组”在执勤过程中认真做好安全检查工作，严格按照岗位规范操作，认真落实集团及安检站的工作指示。同在两会、奥运及其他特殊保障期间，“彩云班组”提前召开动员会议，将每次保障任务的目的、意义、内容和要求传达给班组成员，要求每位成员提高思想认识并保持良好的精神状态，以严谨的工作作风投入到工作中去。为切实加强各个特殊时期保障工作，“彩云班组”严格落实工作责任制，严防各类差错事故的发生，同时做好优质品牌服务，确保期间各项任务的圆满完成。

每年“两会”期间，保障任务重，过检要客多。“彩云班组”为保障好要客们的安全过检，给要客留下良好的印象，树立昆明机场安检优质服务形象，制订了严格的保障措施和执行方案，如：严格执行大队的执勤工作安排，实行专人留守通道，其他分队成员随时上岗；密切关注航班动态及要客信息，严格遵守免检及礼遇要客有关规定，并尽可能为要客提供方便与礼遇服务，加强隔离区安检口的检查，严格查验要客身份，严格检查随行人员及携带物，等等。在本次保障任务中，“彩云班组”圆满完成了保障任务，工作得到了领导的好评。

“彩云班组”从服务理念、具体服务工作等多方面进行创新，将提升服务工作作为班组文化建设的一个重点来抓。在服务理念上，班组提出“一张笑脸相迎，一次检查过关”的理念。姑娘们坚信微笑是世界的语言，会心的微笑需要良好的心态。服务是一种态度，要发自内心。因此，她们在服务的时候，始终保持良好的心态，将会心的微笑展现在工作的舞台上，使自己更美丽。她们用一颗健康的心态来面对自己的工作，积极用自己的行动来感染要客。在岗位设置上，班组增设了迎宾号位，以便更专业地服务要客，为他们提供舒适、快捷的过检，节省了宝贵时间，同时也无形中给予要客一种心理暗示：“我们重视您，等待您，为您服务。”

“彩云班组”的成立是昆明机场安检站在深入推进昆明机场诚信机场建设中的一项创新举措，正如“彩云班组”成员所说，“成立‘彩云班组’时，我们骄傲，因为我们是代表着昆明机场安检形象的优秀青年；我们惶惑，因为“树形象，创品牌”的责任重大 。但是路就在脚下，正因为别人没有走过，才有我们发挥的广阔天地。我们不但为此感到骄傲，同样也感受到自己的重任”。

【诚信实例】

凝聚团体力量 提升服务质量

云南空港百事特商务有限公司“紫气东来”班组是一支特别的团队。每天，我们身着多姿多彩的小蜜蜂旗袍或特色民族服饰，穿梭于机场政要贵宾厅。我们的脸上始终都荡漾着青春自信的微笑。小蜜蜂是云南机场集团的吉祥物，是自然界中飞行的精灵，它们齐心协力、精诚合作；它们不计得失、无私奉献；它们勤劳勇敢、精益求精，这种可贵的品质精神也是“紫气东来”班组成员不懈追求的目标。班组命名为“紫气东来”，形容祥瑞降临，也比喻富贵吉祥，体现了我们女子班组追求精品服务，展示朝气蓬勃的青春风采及不断进取向上的精神风貌。

“紫气东来”班组于2008年12月创建，于2010年2月9日正式授牌命名，每日6位班组成员，平均日接待量为80位，无一有效投诉，始终保持要客满意率为100% 。班组起步之初，就明确了政治素养型、创新服务型、自我管理型优秀班组的构建思路，同时我们提出的服务理念、团队软实力建设和发展模式，具有一定的先导性和主动性，这让我们的女子团队充满着源源不断的动力。我们建立了班组管理制度和规范的操作服务流程，实行标准化的安全服务质量管理和督导；2009年，班组进入了良好的成长阶段，我们以“三标一体”为主导，以《云南机场安全管理手册（SMS）》为重要根基，逐步完善班组管理、设备巡检、日常工作、交接班、安全及政治学习等班组管理制度。按照制度的要求，及时完成各项工作任务。员工自觉上标准岗、干标准活。同时，还在制度的执行上坚持一视同仁，干部从自身做起，带头遵守制度和程序，全体员工不论谁违反了制度，都要按照制度处罚，从而使制度得到了严格的落实，在各项管理工作中发挥了重要作用。2010年，集团提出并先后开展了“争先创优”、“提升软实力建设”、“争创2010年标兵班组”的创新性班组建设指导思想，“紫气东来”班组积极响应集团号召，从上至下掀起了班组建设的热潮，从完善班组制度、加强班组管理入手，进一步规

君子乾乾不息于诚。——周敦颐

范班组员工行为，提高了班组的工作质量和工作水平，同时，班组提出了争创“四好班组”的口号，灵活运用PDCA循环管理以及7S精细化管理模式，逐步实现了粗放型管理过渡到集约型管理的过程。

逢年过节，他们都会推出民族服饰特色服务，这就是“端午送祝福，情暖要客心”。6月16日端午节这天，省纪委领导一行到达政要贵宾厅。在得知李书记是白族的情况下，员工随即身着相应的白族服饰，以白族特有的“金花”形象，热情恭迎，并亲手为领导送上白族特色荷包，以示节日的问候和吉祥安康的祝愿！

2010年2月14日大年初一，“紫气东来”班组特别推出了“传统特色早餐，让要客感受年味”的春节餐食活动，具有北方特色的传统面点：清蒸小笼包、白面小馒头、汤圆和清水煮鸡蛋、小面包、蛋糕以及牛奶、白米粥等等，让身处异乡的要客真正享受过年“回家”的感觉，活动得到要客一致称赞，也让要客深刻感受到 “紫气东来”班组人性化、细致化的贴心服务。

2009年8月1日是中国人民解放军建军82周年，“紫气东来”班组以“军民一家亲”为主题，为到港军人献上特别的节日礼遇。2009年10月1日，正值中华人民共和国成立60周年，为了热烈庆祝中国华诞和10月3日中国传统的中秋佳节，“紫气东来”班组举行了以“团结奋进，振兴中华，双节同庆茶艺展示”主题的特色服务活动。根据航班情况，茶艺师将茶桌置于餐车上并进入到贵宾厅，现场站着进行冲泡、沏茶、敬茶的流动茶艺表演，颠覆了以往茶艺人员只能坐着表演茶艺的传统，同时对每一位进出港旅客赠送中国结、小荷包，表达对客人的诚挚祝福。2009年10月26日重阳节开展“传播爱心，传承文明，关爱老人，爱在重阳”的主题活动。“紫气东来”班组人员对进出港的年长客人进行节日的问候，同时，还适时推出“品食重阳糕”、“畅饮菊花茶”，向老年人赠送象征健康长寿的粉红康乃馨，并配合精品服务内容，对年长客人实行细致周到的专人全程陪伴服务：提供特色节日小食品，休闲报刊杂志，准确的航班动态信息，优先选择登机方式，专车接送，目的地实时天气情况等，受到要客一致好评。

2010年3月份，参加全国政协会议的云南政协委员及云南代表团将乘坐专机赴京，旅客服务部VIP班组全体领导、员工高度重视此次接待保障任务，积极与机场各相关保障部门及时协调沟通，认真落实“两会”保障协调会议的内容，同时还与班组成员详细研讨和协调各项服务保障环节。3月2日早上8时左右，赴京参加两会的省人大代表、委员一行近一百人来到了机场政要贵宾厅，班组人员热情、周到、井井有条地做好前台接待：为要客倒上热茶、查询确认航班信息、配合东航人员核对登机牌及参会乘机人员名单，并将要客引领至登机口。8时30分左右，MU5701航班准点从昆明机场起飞，“紫气东来”班组圆满完成了“两会”代表赴京的重要保障任务。

为了持续确保政要贵宾服务的安全性、一体化及标准化，于今年5月份开始，由部门领导牵头组织，班组主管负责落实，并紧密结合班组服务实际，对各岗位人员的接待服务流程进行全程跟踪、监控，形成了一套完整的相互监督、自我管理的服务流程监控措施。班组创新人性化的管理模式，让基层管理者的班组主管充分发挥了自身的管理协调能力，同时也极大地调动了班组员工的服务热情，进一步加强班组员工的自我安全管理和安全服务的责任心，做到发现问题，现场报告，及时整改，避免出现服务质量问题以及安全生产隐患。

“紫气东来”班组自成立以来，非常重视自身安全和文化建设，并积极响应集团号召，以班组建设为基础，致力于培养班组的“自我监督、自我审核、自我约束、自我完善”等能力。由于班组承担着昆明机场国内政要贵宾的接待工作，因此保密工作成为班组安全工作的重中之重。为了让保密工作深入人心，班组充分利用每周例会时间，经常性地组织员工学习保密条例和相关资料。此外，在日常的接待工作中，班组员工时刻牢记安全生产的重要性，夯实基础，努力践行三基、三全、一细的管理标准，严格执行《专机及重要任务飞行保障手册》，定期仔细查看设施设备的运行情况，认真进行每日多次安全卫生检查和记录，加强日常安全生产管理工作。

每季度至少组织开展一次“危险源辨识”的安全教育培训，让每位员工熟悉并掌握工作区域的危险源和应急处理措施；每月组织开展一次设施设备安全运行大检查，详细记录设备的维护保养情况以及新进设备的运行状况，同时，结合设施、设备管理责任卡，进行编号、归档，做到设施设备管理责任到个人；每日进行多次安全卫生巡查和现场督导工作，做到管理无漏洞，安全无死角，全力保障日常政要接待工作的顺利开展。

感人以诚不以伪。——方苞

为了优质、高效、快捷地处理突发事件或应急情况，班组在日常管理和工作过程中，注意搜集整理典型案例和特殊要客信息，逐渐形成了较为完善的班组台账。特殊航班台账，主要针对非正常的航班，为老人、儿童的服务制定了详细的接待保障预案，做到服务接待保障工作统一化、标准化、制度化；典型案例分析，主要是整理备案日常接待工作中遇到的典型案例，将其在学习交流讨论会中进行分类、分阶段学习，并作探讨和总结；突发事件预案台账，主要内容包括自然灾害：洪灾、火灾、地震等灾害的应急处理程序，突发性疾病灾害：H1N1流感病毒应急处理措施，突发性事件预案：生产运营系统中断、发生爆炸或发现爆炸物等危险品、航班大面积延误等应急处理程序，做到突发情况的处理有组织、有依据，快速高效。宾客客史档案记录台账，主要搜录了要客的职务、民族、登机习惯、常用食（饮）品等内容，更好地体现了精准化、个性化服务内涵。

“紫气东来”班组一直按照现代企业制度要求，建立健全诚信机场管理体系，创新特色、创新服务、创新管理，把诚信机场管理与枢纽机场建设紧密结合、明确企业诚信机场建设目标，完善责任制度和诚信行为准则，加强服务质量、安全管理，严格各项检查、保障制度与措施，防止失信行为的发生，增强诚信服务意识，提高机场信誉，树立机场良好的品牌形象。

在这个世界上，每一个人、每一个团队、每一个家庭、每一个组织、每一个国家、每一个经济和文明都有一个共同的力量。如果没有这个力量，最强大的政府、最成功的企业、最繁荣的经济、最具影响力的领导者、最伟大的友谊、最坚强的个性，统统会被摧毁。

相反，如果这个力量能被很好地培育和运用，它可以为我们生活的各个方面带来巨大的成功。但是，我们总是忽视它的存在，低估它的潜能。

这个力量就是诚信。

诚信并不是多数人想象的那么虚幻，那么模糊，那么可有可无。相反，它很实用、很具体、可操作。创造诚信的速度可能比你想象的要快很多。

如何才能让诚信的种子生根发芽，让诚信的花朵开满天下？这是诚信创建过程中必须正视的一个重要问题。诚信不仅是做人的优秀品德，更是企业运作当中极为重要的元素。一位成功学大师曾经说过：“企业所寻求的人才无非需要两方面的能力，一是‘聪明’，即无论智商、情商都很高；二是‘努力’，愿意尽其所能成为顶尖的人才。然而如果没有‘诚信’作为这两个能力的基础，所谓人才也就不再是一位人才，甚至有可能给企业带来损失和伤害。”一个人诚信与否不是一种天生的品质，其实，诚信是一种素质，也是一种能力，需要培养，需要学习。有些时候，似乎“诚信”并不能带来成功和荣耀，但“诚信”本身就是一笔无价的财富。

修身处事，一诚之外更无余事。——朱之瑜

smiths
MOT
鲜

诚信載道

第二章

关注旅客需求，诚信服务

“服务”是机场提供给客户的主要产品，机场管理实际是对服务过程的管理。服务质量的高低和服务意识的强弱直接影响企业的生存地位与发展前景，满足顾客的心理需求对企业有着重要的战略意义。机场的顾客不但包括航空公司、旅客、货主，还包括机场的其他经营者，甚至非航空旅行的消费者。

细节服务，让爱远行

经常乘飞机出行的人，都会有这样的感受：如果下机伊始，受到机场人诚恳有礼的接待，会使人对这个城市由衷喜爱；如果遇到困难，机场人给予全心全意的帮助，会让人感受到这里的和谐和温情。对陌生城市的认识，通常是从机场开始，机场不仅是一个地方对外开放的窗口，更是一方和谐社会的缩影。

作为云南省窗口的昆明巫家坝国际机场，在2005年提出了构建诚信机场，6年来，机场不仅做到了“诚信”，还营造出和谐氛围，让每一个初到昆明的人，都喜欢上这个四季如春的地方。

【诚信实例】

诚信纪事

旅客眼中的诚信：用心服务

这是2008年春节发生在昆明机场的一幕。

从沈阳飞往昆明的飞机刚落地，谢老伯就迫不及待地站起身来开始收拾东西：皮箱、背包、手提袋，他又拖又背地跟着人群往机舱外面走。经过了长长的进港通道，离出站口还有好几步时，年近七旬的他已是腿酸手软，于是放下手中的物件，睁大双眼使劲寻找前来接机的亲属。此时，几位身披“诚信”绶带的年轻人大步走上来，两人拿起行李，一人搀扶着他，边走边问：“家里有人来接吗？”“记得电话吗？我们帮你联系。”从冰雪皑皑的北国，来

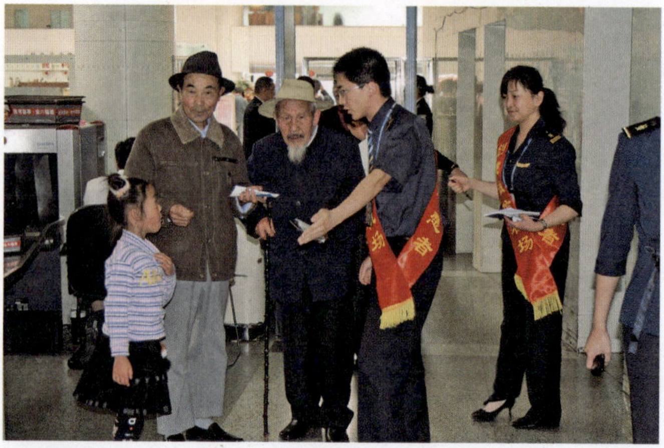

到春光明媚的昆明，迎面而来的温暖让谢老伯由衷感叹：“昆明真好！”

因晚到机场漏乘航班的母女，吃着机场员工掏钱为她们买的餐食，拿到机场人员想办法为她们改签的机票时，含泪对机场值班领导说：只知道昆明的景色美，没有想到昆明的人更美。

一位欧洲旅客说，走进昆明机场，就让人感到“这里天天是春天”！

随手翻看昆明机场的留言簿，这样的故事还很多很多。

员工眼中的诚信：一直前行

创建诚信机场的第一年，昆明机场就发生了巨大的变化：有关数据表明，机场航班正常放行率较之前提高了20多个百分点；旅客有效投诉率明显降低，旅客满意度大幅度提升；昆明机场员工的诚信意识明显增强，好人好事、服务明星不断涌现。

然而，昆明机场人并没有在成绩面前止步，他们不断赋予了“诚信”二字新内涵。2006年，昆明机场组织编写了《昆明国际机场员工诚信服务手册》（以下简称《手册》）。《手册》中明确提出，机场内民航从业人员应具备诚信意识、团队意识、责任意识、质量意识、遵从意识、服务意识、创新意识。

事实上，《手册》本身就是昆明机场的服务创新。初到昆明机场的人，往往对机场流程不熟悉，通常会询问机场内的工作人员。但由于机场内驻场单位多，商家等对机场业务流程不熟悉，旅客可能得不到满意的答案。针对此问题，机场编写了该《手册》。《手册》立足于昆明机场的工作实际，以地面服务、安全、医疗救护、销售、宾馆服务、办公室等工作人员的服务礼仪为主要内容，涵盖了旅客乘机过程中最常见的相关咨询问题和服务办法。机场将该手册发送给58家驻场单位，使得所有驻场单位都能够为旅客解答相关问题。

昆明机场的服务水平一直在前进，节假日，昆明机场地服部的工作人员会穿上特色的民族服装，让旅客耳目一新；春运期间，昆明机场内会看到

忠诚是人生的本色。——黄宗羲

青年志愿者，免费帮助老弱病残孕的旅客提行李……

立诚，则行天下；守信，则强天下。昆明机场的一名普通员工告诉记者，诚信才可能让旅客对机场满意，诚信机场的构建需要机场人一直努力。

机场眼中的诚信：彰显和谐

2007年7月底，昆明机场地面服务公司收到了一封感谢信，感谢对象是车队的李凌同志。创建诚信机场以来，地面服务公司时常收到感谢信，但感谢车队的同志，这还是第一次。

事情发生在2007年7月18日。那天李凌在下班开车回家的途中，看到一个小男孩晕倒在路旁，小男孩额头正在流血，身旁散落着书本。她毫不犹豫地将小男孩搀扶进自己的车里，把他送进附近医院包扎检查。小男孩恢复意识后，李凌通过询问，与小男孩的家人取得了联系。在小男孩的家人赶到医院后，她却悄悄地离开了医院。小男孩的家人经过多方查找，才得知“雷锋”叫李凌，是昆明机场的一名普通员工。

“机场其他的员工遇到了都会这样做的。”李凌这样解释自己的行为。昆明机场的解释是，员工已经将诚信机场的言行延伸到了生活中。

（原载《云南日报》2008年4月11日，节选）

细节服务是企业服务水平和服务质量的一种表现，服务水平的高低，体现在服务细节上。谁提供更加周到、独特、能满足顾客需要的细节服务，谁就能因此赢得相当大的心理优势。在日常服务管理过程中，昆明机场员工以做到“四不让”为服务心理要求，注重观察了解服务对象的各项需求，不断提升机场服务质量。

【诚信实例】

特殊的军礼

机场总服务台的员工赵颖还记得这样一件事：2007年6月15日，天气闷热阴沉，不时电闪雷鸣，原本应降落在昆明机场的CA4475航班由于天气原因被迫返航，而此时已是晚上10点左右，于是从广播得知航班延误消息的旅客都涌向总服务台前的赵颖。

“航班延误了怎么办？”“你们得给个说法！”一连串的问题瞬间抛向了赵颖，人群中有抱怨的，有怒骂的，也有沉默的，大家都期待前台能给出结果。面对旅客的疑问，赵颖凭着专业的服务技巧，耐心地作出了解释和安抚，使旅客中不满、焦虑的情绪逐渐散去。

处理完问询工作后，赵颖注意到候机室座位上一名老人，在航班延误后他并没有来询问，但从他焦急不安的表情里，赵颖看出了问题。

“老人家，航班延误了，可能会等很长时间，大厅空调凉，您先喝杯水，到我们休息室休息一会儿吧！”赵颖递上热水，对老人说道。老人在听到赵颖的话后并没有平静下来，反而有些激动地说道：“不用了，不用了。”凭着多年经验，赵颖感觉老人一定是在为什么事着急，但又不愿意对自己讲。赵颖并没有放弃，而是继续关切地询问老人有没有其他需要帮忙的地方。

也许是赵颖的诚意打动了老人，10多分钟后，老人在赵颖温暖的话语中道出了原委：“我这次是一个人来昆明的，前几天去景区玩的时候不小心把手机弄丢了，本来在过安检前给家里打了电话，告诉他们大概到达的时间，没想到航班延误了，这里也没有什么通讯工具，我怕家人担心。我以前是当兵的，坐过火车，也坐过飞机，遇到过有些同志的服务态度不好，我想你可能会像他们一样，所以也不想要你来帮我，不过没想到你态度这么好，误会你了，真不好意思。”

赵颖听到老人的话后倍感欣慰，她立刻拿出手机递给了老人，并帮他拨通了家里的电话，向家人说明了航班延误的详情。对方在得知后，请赵颖在飞机登机前发条短信告知对方，并向赵颖表示了真挚的感谢。

老人也被赵颖的关心深深感动了，在CA4475航班登机广播响起的时候，老人坚持最后一位登机，在临走时他对着赵颖敬了一个标准的军礼。“我当了一辈子的兵，感谢的话不太会说，只能对你敬个军礼表示感谢！”老人最后说道。

老人以一个普通军人最朴实的语言和最高的礼节表达了对赵颖的感谢，也成为赵颖收到的最珍贵的馈礼。以真诚待人，以真心打动人，机场员工在细致入微的真情服务中感动了旅客，也感动了自己。正如机场一名员工说的那样：“不需要旅客太多的感谢信和锦旗，旅客满意的微笑其实就是对我们最大的褒奖。”

美国心理学家威廉·詹姆士说：“播下一个行为，收获一种习惯；播下一种习惯，收获一种性格；播下一种性格，收获一种命运。”

习惯可以决定一个人的命运，细节则是形成习惯的一个积累。老子说：“天下难事，必作于易；天下大事，必作于细。”细节是一种习惯、一种积累、一种眼力、一种悟性和一种追求。作为机场员工，在为旅客服务的过程中，细节是形成诚信服务习惯的重要组成部分。诚信机

当老实人，做老实事，说老实话。——毛泽东

场创建目的是“以人为本，全心全意为旅客服务”，在打造形象精致、运行精细、方法精密、信息精确的“诚信机场”形象的过程中，要求机场所有员工都要努力做到“四个不让”：不让旅客在乘机时感到不方便、不让旅客在候机时感到不踏实、不让旅客在昆明机场受到冷遇、不让一名工作人员感到为旅客做的事不值得。在为旅客服务的过程中，做到多问一问、多想一想、多看一看、多帮一帮，真正从细节处着手，以体贴入微的服务帮助旅客完成愉快顺畅的机场之行。

特色服务，温馨随行

【诚信实例】

用心承诺，主动服务

“您好！昆明机场安检为您服务。”在昆明机场，当旅客遗失物品和证件后，只要拨通安检站的现场咨询电话，工作人员就会以最快的速度协助旅客查找遗失的物品。昆明机场安检站自开展这项业务以来，受到了众多旅客的欢迎。目前，在昆明机场安检站工作人员的协助下，已有许多旅客从这里找回了自己遗失的物品，这项业务已成为昆明机场沟通旅客、展示诚信形象的重要纽带。

物品暂存业务隶属于昆明机场安检站综合业务室，这是昆明机场安检站推出的一项特色服务。这项业务包括回答过检旅客的疑难问询；办理按行业规定“限制旅客随身携带但可以暂存于安检现场的限制性物品”的存放；保管旅客过检时遗失的物品、证件。长期以来，暂存班组员工始终坚持热心为旅客提供咨询服务、准确返还旅客暂存或丢失物品、证件。暂存班组提出了“以良好信誉对待旅客，用诚信服务树立形象”的理念，设身处地为旅客排忧解难。对于旅客携带物品的过检咨询，暂存班组3名员工熟知安检相关法律法规，能够恰当地把握政策尺度，答复旅客的过检咨询做到“一口清”，并保证了电话接通率100%，增强出行旅客的满意度。对于旅客过检时被禁止携带的名贵火机、刀具等，常出现旅客因急于赶飞机，而不得不将这些物品遗弃在安检现场。暂存班组工作人员从旅客利益出发，热心为旅客提供暂存服务：旅客可以将不符合乘机要求但可以存放的物品进行暂存免费保管，待其从外地返回昆明时，只需凭有效证件和物品暂存单，在规定的时间里到暂存

自以为聪明的人，往往是没有好下场的，世界上最聪明的人是老实的人，因为只有老实人才能经得起事实和历史的考验。——周恩来

班组办公室领取即可，暂存期限为30天。对一些到云南旅游的外地旅客，在不方便领取暂存物品的情况下，安检站暂存班组可以为其提供邮寄服务。

在服务工作中，工作人员不厌其烦地为旅客排忧解难的事例在安检现场层出不穷。尽管安检承诺暂存期限为30天，但有的旅客往往会在两三个月后找到安检，要求领取暂存物品，暂存班组的员工依然不厌其烦地查登记找物品，全力满足旅客的需求。有的旅客因为不了解情况，认为安检24小时值班，总是在自己方便的时候要求领取暂存物品：6月24日晚，安检员黄梅娟在临近下班的时候，接到旅客要求领取笔记本电脑的电话，她从方便旅客的角度出发，答应等候，可当旅客赶来到机场取走电脑时，已经是凌晨1点多钟，她这才算结束了一天的工作。还有一次，一位旅客在过检时将不符合乘机要求的物品作自弃处理。但该旅客到了目的地后又后悔了，打来电话称物品非常重要、具有非同寻常的纪念意义，要求工作人员帮其找回。暂存班组的工作人员立即根据其描述，来到安检通道里的物品回收箱进行查找，终于找到了自弃的物品并邮寄给该旅客。

昆明机场聚集了南来北往的乘机旅客。在安检工作现场，还有一些旅客因忙碌或大意，不小心将物品遗失在安检通道。出于对旅客高度负责的工作态度，暂存班组员工对各安检通道捡到的旅客贵重物品，总是详细地登记捡拾物品的名称、数量、通道位置、处理情况，按类别妥善保管旅客物品，既方便自身的工作交接，又方便旅客的查询认领。这种详细而规范的登记方法、分门别类的保管方式，做起来的确有些耗时费力，但在服务旅客的过程中，却又显得十分的方便快捷。对于初次乘机的旅客，难免会出现因疏忽大意把贵重物品遗失在安检现场。但安检站的暂存班组耐心细致地解答疑难、准确无误地返还物品，给旅客留下了难忘的印象。许多旅客还通过电话、短信，甚至信函、锦旗等形式表达对昆明安检的深深谢意。透过这个温馨和诚信的窗口，您可以看到安检员工拾金不昧、乐于助人的作风修养；您可以看到昆明机场安检诚实守信的良好职业形象；您还可以看到昆明机场诚信服务的庄严承诺。

【诚信实例】

创新服务，永无止境

为进一步推动云南机场地面服务有限公司（简称地服公司）班组诚信创建水平跨上一个新的高度，深入地研究、开展地服公司“品牌班组”建设工作，在引入、推动UEP班组管理模式的基础上，地服公司开展了品牌班组建设活动。

通过一段时间的不懈努力，2009年地服公司建立了以“清荷芬芳”国际服务班组、“微笑”青年服务班组和“百灵”创新服务班组为代表的特色优质服务班组。通过以点带面，发挥标杆作用、榜样作用，全面提高地服公司各班组不断向工作创新、管理创新、制度创新和技术创新的目标迈进，有力促进地服公司持续、稳定、和谐发展。

“微笑班组”：一支赋有青春朝气、团结积极且全部由24岁以下的青年人组成的旅客服务团队。他们秉承用微笑为同事带来欢乐，为旅客带来关爱，为企业增添活力，为承运人带来满意的宗旨，坚持用热情周到、专业规范的服务，为地服公司各班组起到了很好的模范作用。“微笑”青年服务班组努力把青年的智慧和力量汇集到企业改革和发展各项任务上来，把青年的积极性、主动性和创造性充分调动起来，鼓励和带动广大青年员工爱岗敬业、争作贡献、岗位成才，为云南机场地面服务有限公司打造优秀服务品牌夯实基础。

“清荷芬芳”国际服务班组：正如“倾心服务，和悦随行”的口号一样，地服公司“清荷芬芳”国际服务班组旨在打造一支服务温馨愉悦、快乐亲和的国际服务团队。清荷与亲和同音，“清荷芬芳”倡导极具亲和力的服务理念，让旅客感受到亲切而又贴心的温情服务。优质服务给旅客带来的舒心，可一直伴随整个旅程，这犹如荷的清香远溢，亲切服务延伸至旅客心底。而清荷的出淤泥而不染，沧桑岁月里默默守候着那份执著的真情，则代表着团队敬业爱岗、默默奉献的精神。“清荷芬芳，香溢盎然”，“清荷芬芳”国际服务班组是云南机场地服公司各班组迈向更专业化，更精细化服务的开端。“清荷芬芳”将始终坚持自身的服务理念，不断优化班组管理，持续改进服务措施，为前来的国际旅客们献上最真挚的服务与最真诚的微笑，就如“清荷芬芳”的英语口号一样“sweet service，sweet smile”。

伟大人格的素质，重要的是一个诚字。——鲁迅

“百灵”创新服务班组：百灵鸟是大自然飞翔的精灵，它象征着航空地面服务事业中的每一个青年人。百灵鸟使人们联想起那动听的歌声，恰似百灵班组在服务旅客时那礼貌得体的语气。百灵”寓意着百问必答，灵活工作，代表着昆明机场总服务台全体员工认真灵活的工作原则与态度。班组用百灵鸟的寓意来承载昆明机场总服务台的激情和希望。在各项服务创新活动中，百灵班组更是群策群力，用各种充满温馨和祝福的特色服务感动着来到或者离开昆明机场的每一位旅客，用心与心的交流来拉近我们与旅客的距离，用真诚执著的信念打造属于地服公司自己的服务创新品牌——“百灵”。

2010年，地服公司班组建设工作不断向纵深发展，在建立三个品牌班组的基础上，进一步发挥品牌班组的标杆示范作用，通过实施以“三完善，三促进”为核心的工作举措，以点带面推动地服公司班组建设工作获得总体提升。“三完善、三促进”的核心内容，一是完善班组考核制度，促进班组建设的规范性和系统性。二是完善班组激励机制，促进班组管理的主观能动性和工作积极性。三是完善班组创新机制，促进班组管理的持续改进和优化提升。此外，地服公司品质管理部还通过定期组织班组长管理技巧培训、班组管理经验交流分享和班组岗位技能大比拼等活动，促进各班组在管理和实践活动中不断丰富班组建设的内涵和实效；通过在公司月度《质量简报》中设置“班组管理视角”、“班组建设大家谈”、“班组管理新举措”和“优秀班组展示台”等栏目，激发了地服公司各级管理人员、基层班组长和广大员工参与班组管理，为班组建设出谋划策的积极性，搭建了班组建设经验分享和成果展示的良好平台，地服公司在实践中不断创新和丰富班组建设工作取得了良好实效。

一直以来，昆明机场在建设和发展中通过“以人为本，诚信服务”，不断创新服务内涵，提升服务水准，满足不同旅客的需求。云南机场地服公司总服务台以“百问不厌、温馨服务、首问负责”为宗旨，从单纯指引旅客乘机流程的导乘岗位发展成为解答各种疑难问题的问讯服务台，同时，根据旅客需求，增加许多个性化、人性化的服务项目，如提供针线包和便民箱为旅客排忧解难，以充分体现“把旅客当朋友”的服务观念，树立良好的候机氛围，展现现代民航人的时代风采，以最佳的精神面貌迎接四方宾朋。

诚信，收获快乐，体现价值

【诚信实例】

诚信就是平凡的工作

他常说：眼光放远，口袋放浅，腿跑快，手要勤。靠着这四句话自己总结的箴言，靠着他的勤劳和认真，他在2008年1月至10月负责签订的37份合同里，没有出过一丝问题；他通过自己细致的记录和整理，为集团公司统计出信息收费点共计1 500余个，涉及收费金额约200余万元。他，就是昆明机场信息技术中心周德康同志。

10月的昆明，下午的阳光还是那样的火辣，周德康同志照旧抱起厚厚的文档，准备出门了。同事们忙起身拦住了他："你还在发着烧，把文件给我们吧，我们会去办的……"他固执地摇摇头，"不行，合同一直是我在办理，我更明白怎样办，而且合同出不得半点马虎，你们不熟悉流程，一点点差错都可能影响集团、机场的工程建设和发展。"他匆匆地走了，那特有的中年男子略显肥胖的背影、急促的步伐，让人看起来动作有些滑稽。但今天，这所有的一切却深深地震撼着我们。

从信息技术中心到集团大楼，约700米；从信息技术中心到昆明机场电信大楼约1 500米。按1个合同最少需4次的来回算，37个合同，就是651 200米，约651公里。仅10个月，他就在这条路上走了651公里。而这位默默无闻在机场工作了17年的老同志，这位平时总在外边忙碌的中年男子，这位平时帮我们送这送那的同仁却没有说过一句怨言。今天，为了保障工程的进展，生病的他又踏上了这条路……

每年的10月，都是周德康

守信的人是最快乐的，诚实是最天真的。——鲁迅同志最忙的时候，因为他在签订合同的同时，还要清算信息点位，做好信息收费的统计工作，这种工作既累又憋气。2009年10月6日，国庆黄金周还没收假，他就开始忙碌起来，把去年的统计数据拿出来，进行新旧点位的核实，有些点位，他还要亲自去现场查对。面对这种情况，很多单位不理解他，甚至有些商铺的员工还嘲笑他说，少收几个点位能怎么样，何必这样认真，大不了给你要点回扣了。还有的单位会打电话质问他，说他统计的点位多了，多收了他们的费用尽管委屈，但每每此时，周德康同志总是不耐其烦地向用户解释："你们放心，费用是收到集团的，我知道你们做生意也不容易，绝不会多收你们一分钱；但信息统计是我的工作，我也不能让公司蒙受一分钱的损失。"说完，他还会带领他们一处处实地验证，直到顾客满意为止。

有人问他，"老周你在图什么？"他很不高兴地说："有什么好图的，机场把这项工作交给我，就是对我极大的信任，把工作做好，就是我最大的企图……"

老周的话很普通，他人很普通，这些普通让我们常常忽视他；他做事平淡，为人平淡，平淡到常常让我们遗忘他；但就是这个平淡而又普通的人，却用普通而平淡的工作让我们看到了他为人处世的认真和细致，让我们看到了诚信机场建设的那道亮眼的曙光。

【诚信实例】

静静绽放的美丽

"谢谢"、"再见"、"祝您旅途愉快"……当你乘坐东航的航班出行时，登机口身着东航制服的服务员都会这样微笑着向你告别，张静丽就是其中普通的一员。她虽然年纪不大，却算得上旅客服务中心的老员工了。她不是那种话特别多的女孩，在休息室也总是安静地坐在一个角落，与她交流时问她工作以来最难忘的经历是什么，她静静地思索后说："太多了，酸甜苦辣、五味俱全……"

2008年7月2日，相信对每个昆明机场的民航人来说都是难忘的一天，凌晨昆明遭受了百年不遇的强降水，导致昆明机场关闭，所有进出港航班延误！这天张静丽休息，前一天刚下了晚班的她已经回到家中，可是突如其来的天气变化让一直在一线工作的她早已有了不详的预感，果然天还没亮就接到单位打来的电话，所有员工回机场紧急支援，张静丽放下电话就往机场赶。到了候机楼后，被现场的场景惊呆了，熟悉的机坪成了汪洋大海，候机楼的航班动态显示屏上一片"飘红"，候机楼内到处挤满了滞留的旅客。员工们按照紧急启动的工作预案迅速行动，分头到各候机厅开展解释疏散工作。

张静丽被安排到6～9号候机厅，从4号厅前面的员工休息室到6号厅短短的几十米，张静丽举步维艰，只觉得眼睛看得到的地方都是旅客，6～9号候机厅更是至少涌入了一千多人，到了候机厅后张静丽与同事立即被旅客围得水泄不通，“究竟什么时候能走？”“我要退票，退票！”“你们管不管饭啊！”……用小喇叭广播航班延误的信息、发放餐食和饮料、安抚有情绪的旅客、带旅客到柜台退票改签，这些动作张静丽已经不记得重复了多少次。遇到抱小孩的旅客，她一把接过小孩帮忙抱着；遇到行动不便的老人，她立刻跑过去搀扶；遇到要跟家人联系的旅客，她毫不犹豫拿出自己的手机让旅客拨打，忙到连感觉累的时间都没有……直到接近次日凌晨，昆明机场才逐步开放，看着一批批滞留的旅客顺利成行，张静丽与同事才稍微舒了一口气，这时才发觉大家已经忙了一天都没有吃东西了。

一线的工作是辛苦的，起早贪黑，风吹日晒，一直在旅客服务中心工作经常要跑机坪，夏天要直面太阳光的直射，高原的紫外线格外地强，冬天又要忍受寒风的刺骨。与张静丽一起参加工作的同事，有的吃不了苦，有的嫌待遇低，辞职的不在少数，谈起这些，张静丽默默地低下了头，陷入沉思……片刻后她缓缓说道，自己虽然生在城市，但是小学五年级母亲的突然下岗让本来经济条件就拮据的家庭雪上加霜，从那时自己起就再也没有上学和放假的概念，放学后别的小朋友都去玩了，自己却还要去帮母亲干活，卖报纸、摆地摊，吆喝着沿街叫卖，遭遇过在街边偶遇同学和熟人的尴尬和被城管驱逐的窘迫。可是艰难的生活并没有把她打垮，懂事的张静丽一边打工贴补家用一边努力学习，也终于考上了大学。与同龄人相比，张静丽的人生经历要丰富得多，也正是生活让她懂得能够拥有一份稳定的工作是多么的不容易，能够走进东航成为一名民航人张静丽觉得十分自豪，因此也格外地珍惜。

张静丽身材瘦小，却有着常人没有的坚强与毅力。在繁忙的工作之余，她还在自学准备助理会计师资格考试，她说虽然工作很苦很累，但是趁年轻能多学点，掌握一技之长心里感觉更踏实一些，对自己今后的发展也更有好处。在张静丽身上没有华丽的辞藻，踏实肯干、做事认真是同事对她最多的评价。工作以来，张静丽获得过多项荣誉：2005—2007年度“旅客话民航”先进个人、2007—2008年度云南分公司先进女职工、地服部的明星员工……这些都记载了她多年来的勤奋和努力。

张静丽说：“也许是因为经历得多了，所以就更加懂得珍惜，也是因为经历得多了，就更加没有什么可以把我打垮，对任何事也绝不会轻言放

内不欺己，外不欺人。——弘一大师

弃！”每天她的工作都会不断出现一个场景——对讲机里又传来了呼叫声，她及时应答，起身对着镜子整理好着装，熟练地检查随身携带的记录本、笔、橡皮筋，拿起小喇叭，再次走向那个她最熟悉的岗位。

大学毕业后的张静丽与所有年轻人一样怀揣着对未来的种种憧憬走进了东航，成为地服部旅客服务中心一名普通的服务员。有人说旅客服务就是几个简单动作的机械重复，没有技术含量，但正是在如此平凡的岗位上，张静丽毫无怨言，默默无闻，一干就是近6年。没有豪言壮语，有的只是工作6年来从未请过一次病事假的全勤记录；没有轰动的事迹，有的只是受到旅客和同事广泛认可的点点滴滴……

信任是“硬”的，是真实的，可以量化，可以测量，它影响着效率和成本，而效率和成本是可以量化和测量的。改变一种关系，一个团队或组织的信任水平，可以显著地影响在时间和金钱上的损耗，影响质量和价值，关于信任有个神话是：信任是个慢功夫。尽管恢复信任可能需要比较长的时间，但建立和传递信任是有可能很快的，并且，一旦建立了信任，信任会使一切运转得飞快。

优质服务并不是要求服务者机械地完成自己的工作职责，一旦服务缺少了真诚和无私的奉献，是不会真正感动旅客的，也不会赢得旅客的信赖。作为一名服务人员我们不能把服务仅仅当做一件工作去完成，而是要赋予优质服务一个全新的定义，那就是优质服务是一种人与人之间真心的付出。作为服务者如果不明白“为他人服务，收获自我快乐”的道理，是不可能真正做到优质服务的。优质服务就是要让我们从服务中真正感受到帮助别人的快乐，从给别人创造快乐中去实现自己真正的人生价值。

诚信，激发内心的美好

【诚信实例】

美丽的心灵

当乘机旅客沐浴着早晨第一缕阳光来到昆明机场，走进宽敞明亮的候机大厅，享受着窗明几净的乘机环境时，他们的心情是轻松舒畅的。但你是否想到，这一切也有保洁员的一份功劳。

晕倒在岗的保洁员

苏凤章来自云南省楚雄州禄丰妥安乡，她来公司已经是第4个年头了。2010年5月19日至6月6日的昆明创建全国卫生城市期间，苏凤章从没有休息过一天，她主动放弃自己的休息和休假时间加班加点地参加到创卫工作中来，连续加班6天未休息，每天的工作量都在10多个小时以上。苏凤章常常在岗位缺员的情况下主动请缨参加加班值班，她总是为别人着想，每个月总是比别人多加班、多值班。

苏凤章深知，班组缺员是短暂的，如果每个员工都逃避责任，都不参加加班、值班，那么整个班组的工作和公司的声誉就会受到影响。

有一次，因为航班延误，飞机滞留昆明机场。很多乘客都在候机楼内不走，等待航空公司解决。于是，地面上出现了大量垃圾，卫生间也被挤得满

你必须以诚待人，别人才会以诚相报。——李嘉诚

满的。在这种情况下，苏凤章只好边收拾坐椅上的垃圾边清扫地面。由于她长时间地加班和值班，加上体力透支过度，当时她感觉到眼前一黑，晕倒在地上。同事发现后，急忙上前搀扶她，员工为她的这种拼命的工作作风流下了感动的泪水。

带病工作的保洁员

7个月前，陶美琼从云南玉溪市峨山甸中镇农村来到新华正达公司。她从小吃苦耐劳，但刚到公司就被眼前的情景吓坏了：她负责昆明机场外围的道路清扫，但是差不多每个人都要负责几百米的地段，不是垃圾就是尘土，不是树叶就是石块；道路上车辆众多、尘土飞扬，特别是昆明官南路一带的餐饮店特别多，地上常常会有许多垃圾。这一切让陶美琼感到现实和期望有天壤之别。

有一天，陶美琼正在清扫道路垃圾，突然感觉身体不舒服。当时气温较达，再加上她在烈日下暴晒了数小时，觉得全身没有力气，实在是上不动班了。但此时正值创卫期间，她的岗位暂时没人顶替。她想，怎么办呢，还是再坚持一下吧。直到下午1点，她实在是坚持不住了，才把自己身体不舒服的情况告诉了班长。在住院期间，她心里总想着工作，没等身体全部好转就重返工作岗位。

诚信敬业的保洁员

保洁员刘红艳已经怀孕数月了，同时母亲卧病在床，生活不能自理，家人希望她放弃工作回家照顾母亲。但她坚持在创卫工作的冲刺阶段，要完成自己对工作的承诺，不能轻易离开岗位，于是在接到经理的通知后，她没有过多地考虑就投入工作，奔波在母亲和岗位之间。

在创建全国卫生城市期间，李秀琼的母亲腰间盘突出，长期卧床不起，由家里的大哥每天背着到医院打针治疗。原本回家休假的她刚刚到家，就接到公司创卫加班的通知。于是她挥泪告别了母亲，第二天就赶到了公司。

段桂媛作为一个副班长，在创卫工作中以身作则，任劳任怨，由于身体不好，每天必备的药物她都携带在身，以缓解工作中的疲惫和身体的病痛。

刘汝良作为国内班的班长，总是冲锋在创卫工作的第一线。创卫期间，他连续工作19天不休息，始终坚持在岗位上。他还利用自己的休息时间，运用自己曾经修理过汽车的经验，义务修理班组的清洁工具和垃圾车，为创卫工作作出了应有的贡献。

新华正达空港物业有限公司昆明分公司候机楼管理处的保洁员们，担负着昆明机场候机厅、飞机客舱、停车场以及百事特商务候机楼等区域的保洁工作，他们用美丽的心灵、勤劳的双手为诚信机场创建工作辛勤耕耘、默默奉献。

【诚信实例】

急旅客所急，为旅客解难

2010年1月19日，昆明机场运行管理中心接到安检站工作人员的求助：一名乘机旅客的大衣被乘坐另一航班的旅客错拿，大衣的口袋内还装有钱物，该旅客因此十分焦急，希望昆明机场工作人员能够帮助他找回那件大衣。运行管理中心工作人员得知这一消息后，立即开始核查相关航班记录。经过一番忙碌，工作人员发现那个航班于10分钟前起飞，但昆明机场的无线电设备已无法联系到那个航班的机组。 考虑到旅客焦急的心情，昆明机场运行管理中心工作人员立即与云南空管分局站调取得联系，请他们帮助与那个航班的机组联系。几分钟过去了，从云南空管分局站调工作人员反馈的信息得知，旅客错拿的大衣已在飞机上找到，大衣内有钱物若干。随后，运行管理中心工作人员立即与两方旅客沟通，最后确认旅客大衣内的物品完好无损。同时，中心工作人员又与机组人员协调，委托他们在执行回程任务时将旅客的大衣带回昆明。在昆明机场安检站和运行管理中心工作人员的共同努力下，短短的几个小时内，旅客的大衣“乘坐飞机”经过4000多公里的空中旅行，最后终于被机组人员安全地送回了主人的手中。昆明机场安检站和运行管理中心工作人员热心为乘机旅客排忧解难的事迹在员工中被传为佳话。

针对目前昆明机场的服务设施和手段还未达到最大限度地满足旅客的情况下，诚信服务重点加强了员工诚信精神、敬业精神和协作精神，要求每一位机场从业人员恪守情况要摸实、道理要讲实、工作要做实、措施要抓实、意见要落实的“五实”作风，牢固树立诚信意识，站在旅

诚信为本，操守为重，坚持准则，不做假账。——朱镕基

客的立场，充分理解旅客的心理需要，探求解决矛盾的最佳途径，以真诚的行动感化旅客。

【诚信实例】

昆航女孩千里献血　无私大爱感动蓉城

“一位93岁的成都老人肖婆婆急需‘熊猫血’（RH阴性AB型血）！”2010年2月24日晚上，成都市民蔡女士在网上发出了这样的求助信息，令她感到吃惊的是，马上有近千人在网上开始爱心“接力”转发消息，希望找到有“熊猫血”的网友，帮助老婆婆渡过难关。

25日早晨，昆明航空有限公司市场部门职员代娜在获悉这一消息后，立即致电肖婆婆家人，说明自己是RH阴性AB型血，并表明了自己愿意献血的想法。当日下午6时左右，肖婆婆家人联系代娜，表示成都方面已找到3名“血友”，因为婆婆手术需要800CC血，而每人最多只能献200CC血，请代娜第二天立即坐飞机赶到成都。

挂下电话后，代娜马上向公司领导请假。公司领导得知具体情况后，非常支持代娜，并调动公司资源为代娜的千里献血行为广开方便之门，安排了26日往返成都的机票，并让代娜向肖婆婆转达公司上下全体员工的诚挚慰问。

2月26日11时，刚下飞机的代娜没有休息半分钟便立即赶往成都市血液中心，与另外几位网友，伸出手臂献出了浓浓的“爱心血”，800CC“熊猫血”终于汇聚在一起，解除了肖婆婆手术的后顾之忧。

当日下午，代娜与其他3位“血友”赴医院看望了肖婆婆，转达了昆明航空领导对肖婆婆的殷切慰问，希望肖婆婆早日康复，并向肖婆婆赠送了昆航飞机模型。

据了解，“熊猫血”是指RH阴性AB型血，1 000个人中仅有3人是这种血型，就连医院血库也没有这种血，因为极其罕见，才被称为“熊猫血”。

一名昆明航空的普通员工，千里赶赴成都，为一个素未谋面的陌生人献血，如此美好的心灵，如此感人的大爱，是诚信友爱的道德

呐喊，是真诚在人间的具体体现。

真诚无私能使一个外表毫无魅力的人增添许多内在的吸引力。人格魅力的基本点就是真诚。待人心眼儿实一点、守信一点，能更多地获得他人的信赖、理解，能得到更多的支持、合作，因此获得更多的成功机遇。我国著名的翻译家傅雷说过："一个人只要真诚,总是能打动人的。即使人家一时不了解，日后便会了解。我一生做事，总是第一坦白，第二坦白，第三还是坦白。绕圈子、躲躲闪闪，反易叫人疑心；你耍手段，倒不如光明正大、实话实说，只要态度诚恳、谦卑、恭敬，无论如何人家不会对你怎么样的。"诚实做人、做事守信，看似没有得到世俗的物质，可是从长远来看，必能从赢得的尊敬和荣誉中得到更多的合作与支持。

没有哪个企业不明白诚信对于立企、兴企的重要性，但在具体实践中差异却很大。企业能不能在理念、模式和机制上保障并发展自己的诚信呢？海尔有一个很著名的广告语，叫做"真诚到永远"。海尔总裁张瑞敏解释说："一个企业要永续经营，首先要得到社会的承认、用户的承认。企业对用户真诚到永远，才有用户、社会对企业的回报，才能保证企业向前发展。"张瑞敏说："不管在任何时间、任何地点、发生任何问题，错的一方永远只能是厂家，永远不是顾客，不管这件事表面现象看来是不是顾客的错。"

有关学者经过深入、广泛的研究后指出，服务品质的主要决定因素有五方面：可靠度、反应度、保障度、同情心、有形化。可靠度是指可让人信赖准确地执行所承诺的服务的能力，它是最重要的服务品质决定因素，约占服务品质重要性的32%；反应度是指员工愿意帮助顾客与提供及时服务的意愿，其员工提供服务的程度，约占服务品质重要性的22%；保障度是指员工的知识与文明礼貌、精神状况，以及给顾客一种信任感与信心的能力，约占服务品质重要性的19%；同情心是一种"身历其境"、"感同身受"的情怀，也就是给顾客提供关心与个人化的服务，约占服务品质重要性的16%；有形化是将无形化的服务以设施、设备、服务人员素质和各种传播材料等实际形式体现出来的，约占服务品质重要性的11%。

这五个方面集中于一点，就是真诚。它着眼于"表层的热情"，升华到"内涵的真挚"，体现出"真诚的服务"，这样才能够从用户那里赢得对品牌的忠诚和信任。这方面，我国企业界也有服务品牌楷模，创

信以立志，信以守身，信以处世，信以待人，毋忘立信，当必有诚。——潘序伦

出国际服务水准的海尔集团，就提出了“用户永远是对的”的经营理念和“用户零烦恼”的承诺，倡导对用户“真诚到永远”。无论是学者的研究，还是企业的实践，都明白地告诉人们：必须不断提高服务在营业额中的比重，建立自己的市场调研机构，强化售后服务，改进与用户的联系；持久地满足不同用户的特殊要求。

真正的道德行为是出自于诚的追求，信的言行。一切道德的品质和行为如果不是出自内在的“诚”，不体现为外在的“信”，就不是真正的有德之人，不是真正的道德行为。英国的一句谚语：“如果你想拥有一天的幸福,那么就去发廊；如果你想拥有一个星期的幸福，那么就去结婚；如果你想拥有一个月的幸福，那么就去买一匹马；如果你想拥有一年的幸福,那么就去买一栋华屋；如果你想一生都过着幸福的日子，那么就去做一个诚信的人吧！”对待工作有上进之心，对待同事有仁爱之心，对待顾客有诚挚之心，是为诚信的职业道德。诚信，是比智慧、纯洁更精粹的词汇，它不仅同生活中的面包与思想中的真理一样真实，而且能孕育出高贵且朴素的品质，并将使自我的心灵得到纯化和美化。

以定式彰显诚信服务之美

【诚信实例】

一言一行皆养成，一招一式有规范

“作为一名检查员，每一次为出入境旅客服务也就是几秒、十多秒，在这瞬间，我必须体现出高水准的职业素养、高质量的服务水平和优良的职业精神，给旅客留下温馨、快乐、愉悦的通关感受，将三尺验证台变成展示中华文明的窗口！”这是检查员李宇发自内心的话语。

“边检工作理念过去是以管理为中心，而现在转变为以服务为中心”，面对思想上的“急转弯”，该站深入开展提高边检服务水平大讨论、征文活动，组织“服务定式”专题研讨、“服务规范”知识竞赛以及“相聚短暂、真情无限”演讲比赛；组织观看香港同行《ID精英》电视剧，近距离感受国际领先服务；组织官兵到驼峰纪念碑、云南省第一党支部、讲武堂等红色教育基地参观学习，激励官兵爱岗敬业；开设边检文化论坛，编撰《服务文明公约》、《服务定式三字经》，使服务融入官兵生活，成为骄傲和自豪，成为修养和准则；网上“淘宝”广纳谏，在站局域网页上开通站长、政委信箱，发挥官兵集体智慧，向一线执勤官兵广发“英雄贴”，开展“服务定式之我见”大讨论和边检职业精神征言等活动，使执勤官兵在讨论中升华了服务理念，在交流中巩固了服务定式，在互动中增强了职业认同感和自豪感，自觉用真心将证件送到旅客手心，使旅客暖心。

一丝一毫关乎节操，一件小事，一次不经意的失信，可能会毁了我们一生的名誉。——林达生观念一变天地宽，人本、专业、安全的服务理念逐渐在执勤人员头脑中“扎根”，使原本单调呆板的“盖章”工作上升为更为高尚的“为人民服务”事业，真正实现了由被动服务到主动服务，再到感动服务的嬗变。

苦练内功，以素质强定式

“Every time I go and come to Kunming , all people give very friendly, professional and helpful, one reason to come Kunming!（我每次从昆明口岸进出，所有的人都能给我友善、专业的服务和热心的帮助，这也是我来昆明的一个重要原因。）”这是2009年1月19日，一美国旅客在《边检服务水平调查问卷表》上的留言。

为使执勤人员以全新的服务形象“出炉”，一招一式都在规范和标准状态下进行。该站制定了《昆明边检服务定式规范》、《梅沙系统登记规范》、《过境旅客边检手续办理规范》、《交通运输工具及机组员工检查规范》、《中国旅游团队出入境检查规范》、《证件研究勤务工作规范》等10项工作规范，开设“流动课堂”，推行“1+X”自选培训菜单模式，“1”即基本验证技能训练，“X”即官兵自选的薄弱项目训练，借助三互平台，通过“培训到人”的形式，实现培训工作针对性和实战性的结合。开展“边检服务技能PK赛”，将严谨的服务工作、礼仪知识，以舞台剧的形式进行演译，使官兵在轻松活泼的气氛中学到知识，受到启迪；与机场地服公司开展“结对互学”活动，通过观摩交流、交叉授课、业务研讨等形式不断完善和固化服务定式。

强化检查，以监督固定式

检查员小马在一次交班会“视频播放讲评会”后惭愧地说：“过去一直自我感觉良好，今天看了其他同志的规范动作，再对比自己的坐姿和手势，才知道我还得不断努力！”

为促使定式常态化，这个站从经常出入境的政府部门、新闻媒体、企业及旅客中聘请26人成立社会监督委员会，每季度召开工作例会，组织监督员观摩执勤现场及视频监控录像。向社会公示服务承诺和投诉方式，安装电子评价器，设置投诉台，摆放征求意见卡，每月发放旅客调查问卷，及时收集评价意见、建议。同时，邀请昆明机场“诚信办”每天派出2名值班人员对边检服务工作进行巡查，每周反馈情况。制定《督察工作实施办法》，通过每天现场抽查、录像倒查、执勤日记及梅沙系统检查等方式，对口岸执勤服务工作进行全程督察，督察情况每天交班会视频播放讲评，站信息网公示，揭短亮丑，限时整改，并实行个人与单位、领导与部属绩效捆绑、责任共担，增强官兵保持定式养成的主动性，做到督察和不督察一个样。

效率第一，服务第一

“你们的服务真的很周到、很热情，这是我在其他地方没有感受到的，真的，这令我感到很吃惊······”这是12月24日，新加坡籍田瑰琦女士因为逾期居留被该站罚款后写给边检官兵的感谢信。

“检查站就是服务站、检查员就是服务员，验证台就是服务台、验讫章就是服务章”。 昆明边检站始终坚持“效率第一，服务第一”的理念，最大限度追求法律效果与社会效果的有机统一。

为满足地方经济发展的需求，帮地方政府分忧，当好招商引资服务员，边检站推出服务“云南旅游边检套餐”，即每月上报《出入境人员流量信息研判》供旅游部门决策参考；在候检厅增设电视、DVD等设备，循环播放云南风土人情专题片；向旅客赠送云南旅游路线图，开设边检服务网吧，推荐精品旅游线路；对旅游团提前预录名单、保证随到随检；革新中国旅游团队查验方式，打破一个通道查验常规，出境时一页名单一个通道，入境时按散客验证，安装了卡片自助打印和红外通行控制系统，缩短了通关时间，缩短了外籍旅客通关时间，吸引了更多的游客到云南观光旅游。

通关效率不仅是空港效益的“生命线”，同时也是投资软环境的重要内容。他们始终坚持“边检人人都是投资环境”的最高理念，相继推出了便利通道、临时通道、优先通道、移动通道四种服务模式，比如：设置“迟到免排”及“紧急中转免排”通道，为迟到及需紧急中转的旅客优先办理手续；专设中国公民、外交礼遇、APEC商务等通道，确保便捷通关；建立无线验放系统，设置流动服务车，直接登机为特需旅客及政要贵宾提供服务。先后为

对人以诚信，人不欺我；对事以诚信，事无不成。——冯玉祥

德国总统、越南主席、国际奥委会主席等1000余名中外贵宾办理了礼遇通关，圆满完成了奥运会、昆交会、国际人类学与民族学大会等多项专勤任务，在国际上引起良好反响。

标准的引导、专业的咨询、规范的验证，这是一幅展现边检时代风采的画卷；亲切的微笑、体贴的问候、热情的服务，这是一首彰显边检服务之美的诗篇。一言一行皆养成，一招一式有规范。

“你改变不了环境，但可以改变自己；你不能控制他人，但可以掌握自己；你不能左右天气，但可以改变心情……”这一段激励人心的话语摘自《昆明国际机场员工诚信服务手册》（以下简称《服务手册》）。《服务手册》以“诚信”为主线，着眼于职业道德建设及服务体系的构建，一经推出就成为昆明机场员工从事服务工作的工具书。

“职业形象提醒你：自信的走姿、有效的手势、生动的面部表情，这是因为姿态比相貌更能表现人的精神气质。”“微笑，眼睛直视对方，生机勃勃，肯定地点头，表现热心、细心、快乐、自信。”《服务手册》参照当今国内外民航先进机场的服务规范、国际礼仪等相关资料，以及民航行业职业技能鉴定培训材料，针对旅客乘机过程中最常见的相关咨询问题，立足于昆明机场的工作实际，以地面服务、安全、医疗救护、销售、宾馆服务、办公室等工作人员的服务礼仪为主要内容，从仪容仪表到语言表达，从行为举止到外事礼仪，每个服务细节都在手册中有明确、具体的标准，从而展现昆明机场优质的诚信服务品牌，不断推进昆明机场诚信建设。

【诚信实例】

耐心周到显服务　细微之处现诚信

“您好，机场问询台！”一声亲切的问候，为昆明机场树立优质的服务品牌打开了第一道窗户。将细微的服务和诚信办事体现在每一秒的服务工作中，把高度的责任心和责任感渗透到每一个岗位上，96566昆明机场问询台的全体员工正是以此为指导，在自己平凡的岗位上践行着“五实作风”，努力地践行着“平安诚信机场”的优质服务。

云南民航科技发展有限公司于2005年11月份正式接手了96566昆明机场问询台的管理工作。其间全体话务员和相关工作人员克服了种种困难，努力做好本职工作，为昆明机场的诚信建设作出了应有的贡献。

2006年初因为客户对96566号码的认知度较低，且对此号码的收费情况不了解，拨打率并不高，而是倾向拨打机场原来的问询号码。因原来的问询电话在线路设备和系统软件上的问题，经常出现拨打后无人接听和忙音的现象，客户投诉较多。特别是在2006年4月份，问询台的语音服务系统再次出现故障，科技公司的技术人员几经努力也未能修复，为保证问询台的正常工作，科技公司出资购买了新的语音服务软件。在语音系统故障和软件安装、调试期间，问询台的所有来电全部都是由人工接听，每天的话务量骤然升至2000以上，三个坐席的话务员满负荷工作仍然不能满足旅客的查询需求，电话占线率极高。为保证更高的接通率，话务员自愿延长了工作时间，尽量减少了因吃饭和上厕所不在岗的时间。有的话务员因接听较多的来电而出现了声音嘶哑无法说话的情况，即使是这样，大家也毫无怨言，仍然严格按服务质量的要求接听着每一个旅客的来电，仍然在尽自己最大的努力为每一个旅客提供优质周到的服务。在全体话务员耐心细致的服务下，最大程度地降低了因系统故障引发的旅客投诉，同时也受到了物业部的肯定和表扬。

鉴于新旧问询号码更替及客户的诸多不满，话务员一方面耐心地倾听客户的意见，向有情绪的旅客做好解释及致歉工作，另一方面还热情地向客户介绍96566机场问询号码，对96566机场问询号码的推广和普及起到了极大的推动作用。经过一段时间的努力，96566问询号码的拨打率和客户的认知度有了较大的提高，话务量也在不断地增长，高峰时，话务员一天要接听500~600个电话，平均每一分钟就要接听一个电话。系统稳定性和服务质量与接手前相比都有了较大的提高和改善，因此，机场物业部在昆明114更换了原来登记的机场问询台号码，完成了问询台新旧号码之间的平稳过渡。

为进一步做好问询台的诚信服务工作，提高服务水平，科技公司加强了对话务员的管理和培训，先后组织了几次业务考核和英语培训，学习机场其他部门的诚信先进事迹，不断强化服务意识和主人翁精神，使96566问询台的服务水平得到了有效的提升。服务内容也涵盖了航班问询，机场相关规定的查询解答，海关、安检等机构相关政策规定的查询解答，各职能部门、航空公司服务电话、快递、邮政、货运、空港物流等电话查询，卫生检疫部门相关规定及要求，全国各地所有机场电话号码查询，昆明出港航班票价查询、订票电话、住宿、市区各条路线查询等几个方面。在近四年的时间里，96566完成了“质”的转变，从一个仅负责航班起落及误时查询的单一性的“航班查询台”，逐步转变为“机场查询台”，月平均话务量从初期的4 000多次逐步增加至7 556次。为了满足顾客的多方面需求，尽可能给予客户最满意的答复，他们通过不断的学习培训以增强自身的业务知识及能力，拓展业务范围，尽可能以最优质的服务面貌奉献给广大客

兄弟敦和睦，朋友笃诚信。——陈子昂

户。经过全体员工的努力与付出，96566至今没有收到任何投诉，它正逐步成为机场对外的一个重要窗口。

问询台是旅客与机场接触的重要窗口之一，是否诚信、是否细致、是否热心，是评价服务工作好坏的重要标准。但是这些在96566问询台都得到了展示，是对昆明机场创建诚信机场成果的又一次展示，他们的诚信服务使问询台成为昆明机场创建诚信机场活动建设中一个不可或缺的形象单位。

【诚信实例】

诚信服务在制度中升华

虽然不直接与旅客接触，不直接产生经济效益，但是机关工作代表了昆明机场的决策水平和管理能力，总经办作为领导决策的“参谋部”，推进工作的“司令部”，后勤保障的“服务部”，处理各项政务、事务和各种矛盾的“中枢部”，承担着重要职能，总经办的诚信服务承诺将为领导决策出谋献策贯穿、渗透到工作的各个方面和全过程，体现了诚信管理和诚信做事。

日常工作中，总经办员工均按规定标准着装；坚持文明、礼貌服务，使

失去了诚信，就等同于敌人毁灭了自己。——莎士比亚

用文明用语，有问必答，耐心解释，态度诚恳、热情；开展微笑服务，接待时，热情主动，对来办事人员热情接待，周到服务；用心服务，讲求实效，总经办工作人员在各自职责范围的基础上，相互协调，加强沟通，密切合作，全心全意地做好各项工作；主动服务、专业服务，总经办工作人员本着务实、高效主动的工作态度，实实在在为领导、为一线和职能部门服务，切实将各项工作落到实处，力求事事有着落，件件有回声。

在服务内容方面，总经办工作人员恪守职业道德，钻研业务技能，认真履行岗位职责，妥善处理接办事项。具体体现在以下几个方面：一是严把公文质量关，做到规范、周密、准确。公文行文方式妥当，内容符合国家法律、法规、方针、政策，观点明确，条理清楚，标点准确，篇幅简短，格式符合规定，整洁美观，份数准确。二是公文处理做到及时、准确、迅速、保密。坚决杜绝公文处理过程中拖拉、积压贻误工作，紧急文件随到随送，紧急公文跟踪催办、查办，重要公文重点催办、查办，一般公文定期催办、查办，严格按规定时限完成各项公文处理工作。三是切实做好档案的收集、整理、保管、统计、使用等环节的工作，并积极作好档案信息利用，为机场的发展服务。四是事务咨询当场答复，不能当场答复的在1个工作日内答复；对符合条件、材料齐备的事务，从接受办理之日起3个工作日内办理完毕，并备案登记，将信息反馈对方。五是会议室服务提前20分钟准备，确保各项会议设备完好可用；公务接待车辆车况良好，一般情况下，工作人员提前10分钟到位清洁整理车辆，做好出车准备，行车中做到安全驾驶，热情服务；信件收发服务工作均做到当日登记的报刊杂志、包裹、汇款单等重要信函在1个工作日内通知收件人员。六是及时按统计为各部门安排采购相关物品；办公用品、办公设备维修、办公耗材、电话机于申请单报批后3个工作日内送货，办公家具、印刷品视数量等情况及时送达；定期更新办公采购电子图库，为各部门申请采购时提供参考。

诚信服务的范围不仅仅是在直接面对旅客的一线窗口单位，作为机场的行政办公中枢，昆明机场总经理办公室同样在诚信机场创建中认真履行诚信服务承诺，坚持以人为本，以“三高”（高素质、高效率、高质量）、“三满意”（让顾客满意、让员工满意、让领导满意）为总要求，紧紧围绕“热情周到，便捷高效”的工作目标，务实、高效地做好各项服务工作。

诚信机场创建就是要在员工中培养一种观念、塑造一种精神、树立一种风尚，看起来比较抽象。因此，昆明机场“虚”功“实”做，以创建诚信机场为载体和抓手，把诚信作为职业道德建设的中心环节，全面推进昆明机场精神文明建设，做到精力到位，人员到位，经费到位，机制到位，措施到位“五到位”；做到“业务一口清、解答一遍明、帮助一次成”的“三个一”，即对旅客所需的帮助，服务要一次到位，避免旅客往返。做好亲情服务，对待旅客像对待亲人那样地热情，将亲情服务融入到点滴服务中。要对伤残人员、无陪伴儿童、老人等服务对象制定特色服务，让旅客感受到亲人般的关心和帮助。

在服务工作中，要求机场从业人员诚实守信，严格标准，从旅客、货主、航空公司的需要出发，想群众之所想，急群众之所急，杜绝假冒伪劣商品和欺诈服务，真心诚意解决顾客的实际困难，多办好事实事，用一项项具体的工作去体现，并最终让旅客、员工和社会各界满意。

在创建工作中，昆明机场通过加强对员工的诚信服务培训力度，强化员工的服务意识、服务规范、服务礼仪、服务技巧。要求服务人员牢固树立“旅客至上”的观念，全身心投入服务工作，以诚相待，规范服务用语，强化服务意识，想旅客所想、急旅客所急，把旅客的事情当做自己的事情，把旅客的困难当做自己的困难，诚心诚意地为旅客排忧解难，以真情与旅客交流，让旅客感受到一份愉悦和温馨，为旅客创造一个舒适愉快的乘机环境。

诚实的人必须对自己守信，他的最后靠山就是真诚。——爱默生

诚信载道

第三章

围绕中心工作，诚信管理

诚者，天之道也；思诚者，人之道也。昆明机场始终围绕机场中心工作，坚持求真务实的工作态度和工作作风，通过体系化建设和精细化管理，把诚信贯彻到机场安全、服务、效益、发展的各个环节，贯穿于机场文化、制度、督导和行动中，对每一个组织系统、每一项活动、每一个流程进行诚信管理，以诚信理念的渗透和内在化为目标，将诚信管理作为诚信机场建设的长期任务，取得了显著的成效。

2006年，昆明机场通过了GB/T19001质量、GB/T24001环境、GB/T28001职业健康安全“三标一体化”管理体系的认证；2008年，昆明机场荣获了行业内首家通过党建ISO9001质量管理体系认证的单位；2009年，积极推行以整理、整顿、清扫、清洁、素养、安全、服务为内容的“7S”精细化管理；在六年时间里，为健全管理诚信体系，昆明机场先后下发了《首问责任制手册》、《诚信机场手册》、《员工服务诚信手册》、《诚信机场实施办法》、《服务质量评定标准》等一系列管理诚信的规章制度，使昆明机场的管理诚信规范化、程序化、科学化、正常化。

持续安全，机场生存发展的根基

安全诚信是机场实现经济和社会价值的根基，也是机场安全的根基。安全诚信是民用机场必须具备的基本条件，是建设诚信机场的基础。周恩来总理“保证飞行安全，提高服务质量，争取航班正常”的指示是诚信机场构成要素最初的概括。安全是民航的生命线，机场发展的基石，机场工作的头等大事就是保障航空安全。安全生产关系人民群众生命、财产安全，关系国家改革发展和社会稳定的大局。安全是机场赖以生存、发展的重要基础，是航空消费者的利益核心，是建设和谐机场的关键要素。在昆明机场有一句人人都铭记在心的话，那就是“没有安全，就没有一切”。

【诚信实例】

托起银鹰的翅膀

2008年7月2日凌晨，春城昆明突降了一场50年一遇的特大暴雨，降雨量达到138毫米，昆明机场因此变成了一片汪洋。在昆明机场停机坪、跑道、候机楼到达口、高架桥入口处和停车场都积满深水，机场被迫关闭的情况下，云南机场集团有限责任公司领导和昆明机场领导亲临现场指挥，迅速组织昆明机场运行管理中心、安全运行保障部、航空安全护卫部、信息技术中心、物业管理部、地服公司、安全检查站等单位以及武警官

兵、空军官兵600余人进行抗洪抢险。经过10多个小时的艰苦奋战，终于化解了险情，关闭后的昆明机场又恢复了正常。

暴雨突降 机场被淹

围界是昆明机场的屏障，然而在2008年7月2日这天，围界却成了洪水撕裂昆明机场的突破口。从7月1日晚10时起直至凌晨，由于连续的强降雨，昆明机场东面的白沙河水位迅速上涨，并高出昆明机场巡场道120厘米，水流湍急，冲击力非常大。在昆明机场东侧围界附近，白得邑村的一个排水涵洞与白沙河汇聚，形成强大水流，大角度直接冲击挡水墙，导致该处厚达50厘米的围墙被冲垮40多米，滚滚的洪水立刻涌入飞行区，跑道被淹600余米，积水达15厘米。

与此同时，昆明机场许多地方都被淹：在机场隔离区的道口，北门、南门、国内到达等要道，积水达60厘米，整个停机坪水淹情况非常严重，在登机桥下积水达80厘米。最为严重的是，摆渡车、拖车、停场飞机均浸入洪水中，位于昆明机场3-5号候机大厅下的机场中枢——中心机房的水位还在不断上涨，电脑、交换机、弱电系统处于危险状态中。

瞬间，大量作业车辆熄火无法行驶，飞机无法起降，航班大面积延误，数千名旅客滞留，机场跑道、通信导航、助航灯光等重要设施设备运行受到严重威胁和影响，昆明机场被迫暂时关闭至16时。整个上午，由于暴雨持续，到了中午12时左右，飞行区南应急门左侧60多米长的围墙又出现倒塌，情况十分危急。

灾情就是命令。在暴雨突袭的第一时间，昆明机场的领导立即赶赴飞行区现场，实地察看灾情。同时，立即在运行管理中心组织相关单位召开紧急会议，及时启动抗洪抢险应急救援预案，并对抗洪抢险工作作出了全面的部署。随后，昆明机场各部门都积极地行动起来，全力以赴地投入到抗洪抢险的战斗中。

7月2日凌晨4时，昆明机场安运部立即启动了抗洪抢险应急预案。工作人员冒着大雨，用提前准备好的5 000个沙

诚实和勤勉，应该成为你永久的伴侣。——富兰克林

袋和水泥预制板对围界缺口进行围堵。同时用装载机将准备好的水泥预制板运来稳固缺口底层，然后在上面逐步垒上沙袋。同时，动用4台大型抽水设备在跑道南头排水。工作人员还及时赶到跑道南面的水泵房用沙袋在设备周围筑起拦水堤，保证了水泵房抽水设备的安全。

21号盲降设备是机场主降方向的重要导航设备，价值500多万元。一旦被淹，导航设备将无法使用，直接影响机场的开放。为此，工作人员迅速把设备抬高，不断向外抽水，确保设备正常工作。随后，工作人员又对跑道的摩擦系数进行测试，对涌入跑道的酒瓶、金属碎片以及成片的杂草等各类垃圾一一清除。从7月2日凌晨4时至7月3日凌晨4时，整整24个小时，工作人员保障了昆明机场跑道、滑行道、通信导航设备及助航灯光设施的正常运行。

7月2日凌晨5时30分，天空下着小雨。一阵局促紧急集合警报声在航空安全护卫部住宿区响起，队员们从睡梦中惊醒。他们中有的是40多岁的共产党员，有的是才参加工作不到两个月的新员工，有的仅仅穿了一件薄薄的T恤衫，有的还来不及穿上鞋子就迅速赶到大院集合。7分钟后，60多人的队伍就集合完毕。队员们接到命令后，第一时间赶到了现场。他们冒着围界随时可能再次倒塌的危险，跳进齐腰深的洪水中，抬沙袋、堵缺口，连续苦战了4个多小时。10时许，意外的事又发生了。缺口前面近20米的防洪墙倒塌了，大量的洪水越过倒塌的墙体瞬间进入昆明机场。此时，昆明机场副总经理濮山磊出现在现场，他在齐腰深的洪水中查看汛情指挥救灾："消防大队，立即把围界栅栏、刺圈用破坏钳剪断，防止围界进一步倒塌"，"围界又出现倒塌，请求支援"。在他果断的指挥下，10时20分，武警增援部队的110名战士赶来了；11时30分，空军增援部队近180名官兵赶来了。此时此刻，在1公里多的巡场道上，军民、警民上演了一幕幕令人感动的画面：挖土的，手磨起泡了吐吐唾沫继续挖；扛沙包的，跌倒了，站起来继续扛；堵缺口的，掉进水里了，爬起来继续堵。 经过9个小时的奋战，到下午1时50分，东侧围界缺口才被全部堵住。在武警中队和空军部队的支援下，被冲垮的围界墙很快被沙袋封堵，跑道、巡场道和机坪的积水开始逐渐后退。

安抚旅客 恢复正常

7月2日凌晨，由于跑道积水严重，当日航班全部延误，大批旅客滞留机场，地面服务保障工作面临着很大的压力。地服公司立即启动了《地服公司特殊天气和复杂环境下的应急预案》和《地服公司大面积航班延误预案》，及时联系华卓公司作好航班延误餐食的配备，联系航空公司征询延误应急方案，联

系各个协议酒店做好预定工作。同时，总服务台工作人员热情为旅客提供各种问讯服务，并做好解释工作稳定旅客的情绪。

地服公司生产协调部值班人员还在凌晨发布了防汛警报，公司值班领导第一时间到现场指挥，随即各部门依次启动了雨季应急预案。总服务台在得到机场即将关闭的信息后，立即将原来的2人在岗增加到4人，时至下午5时机场开放前又增至6人，充分满足了滞留旅客对航班信息的了解需求；旅客服务部值班人员通知所有休假、轮休人员返回机场待命。机场关闭期间，每个候机厅、登机桥口至少有两名工作人员维持秩序，解答旅客的问讯，尽量满足旅客的合理要求。机场开放后，在每个登机门口配备2至3名工作人员重复检验旅客登机牌，确保航班登机工作准确无误；国内和国际值机在机场关闭后，立即增开3个特殊柜台为旅客办理退票改签等手续，加上原有的两个特殊柜台，基本上能够保证旅客改签和退票的需求。所有值机柜台全部开放，并首次在各航空公司售票柜台设置引导人员，第一时间为即将起飞的航班旅客更换登机牌；行李服务部早在雨季之前，就提前将仓库货架的一层腾空，箱包都放在二层以上，因此积水没有给旅客造成任何损失。由于预警及时，车辆服务部在此次大面积的积水中，没有任何车辆被淹水，充分保证了旅客和航空公司用车需要。

7月2日上午8时，安检站接到现场应急救援指挥中心“关闭机场，停止值机和安检”的指令后，执勤人员全力做好滞留旅客的安抚工作。首先，开启工作人员通道和2号通道，前者保障各部门工作人员能顺利有序进出，而2号通道则为滞留旅客进出候机隔离区提供方便，其余关闭的通道保证所有执勤人员在岗待命。其次，加强对安检站现场及候检区域内的巡查力度，主动问询，准确引导，为需要帮助的旅客排忧解难。当日16时25分，安检通道全部开启，所有人员迅速到位，开始了出港旅客的检查任务。为避免忙中出错，执勤大队加强了对出入候机隔离区旅客检查的质量监督，对旅客携带的延误

要我们买他的诚实，这种人出售的是他的名誉。——沃夫格

餐饮料全部进行开瓶检查，加强对旅客物品的监管，确保了现场检查秩序良好。

为保障7月2日夜间航班的勤务工作，当晚执勤大队安检三大队在接班之前召开紧急会议，大队领导根据航班情况，临时调整人员配置。执勤中，每一通道按照8人执勤标准设置，加大了开包检查力度；工作人员积极了解航班及旅客情况，及时准确开启通道；增加当天留守分队，为每一位延误旅客提供快捷、方便的登机环境。同时还要求不参加留守的人员必须保证通讯畅通，确保发生突发情况时第一时间赶赴现场。

7月2日16时，在昆明机场员工、解放军、武警官兵的通力合作下，涌入

昆明机场的雨水得到有效控制。17时，昆明机场正式开放，旅客开始登机。17时45分，四川航空公司的3U8851航班从昆明机场顺利起飞，标志着昆明机场恢复通航。18时起，昆明机场开始接受进港航班。截至当日21时，昆明机场已有42个出港航班起飞，同时因天气原因，共有27个出港航班被取消，43个出港航班延误。4 000多名出行受到影响的旅客，昆明机场都尽力作了妥善安排，90%的滞留旅客已改乘其他航班离开昆明。

2009年，昆明机场在深入分析和总结2008年防治水患的基础之上，投入了54万元用于对2008年洪水冲毁和倒塌的围界进行恢复，对未倒塌的围墙进行加固，进一步完善防洪基础设施。昆明机场设置了5个应急强制排水点，并在重点部位增设了临时防洪设备。进入雨季前和雨季期间，机场每天派出专人对所属的排水沟道进行细致检查，确保畅通可用。为做到有备无患，机场还制订了详细的防洪演练计划，加强洪灾情况发生时的应急处置能力，全力保障机场飞行安全。

2011年，昆明机场已连续6年顺利通过了国家民航局组织的民航安全审计，顺利通过国际民航保安审计。机场通过定期或不定期对危险源及管控情况的研究分析，将安全管理体系建设与日常安全工作有机地结合起来，组织完成了安全管理体系的内部审核。在安全审计中，昆明机场提出

了多项整改项目，积极完成了整改，提升了安全诚信度。

【诚信实例】

昆明机场上演“人鸟大战”

每年8至10月，是种类繁多、数量巨大的候鸟在云南高原过境最频密的时节。这段时间，昆明国际机场也进入了“人鸟大战”的高峰期。由于昆明机场离滇池不远，附近鸟类非常多，在昆明机场飞行区一年内出现的鸟类可达到七十多种，而目前每天活动的鸟类就有四五十种之多。不少飞鸟经常穿越飞行区，威胁着起降飞机的安全。

昆明机场安全运行保障部人员对这些擅自闯入者极为头疼，他们甚至专门组建了一支驱鸟队。这些天是驱鸟队最忙的时候，他们要沿飞机跑道两侧的草坪不断巡逻，并记录鸟群经过路线，研究各种鸟类不同的习性，总结出针对不同鸟类的驱赶方法。为此，他们发明了一种被称为“恐怖眼”的驱鸟设备。这种设备看上去很像平时见到的气球，不同的是“气球”上面的图案并非可爱的卡通人物，而是一张张老鹰的面孔。它的主要功能是利用自然风吹动绘有使小鸟害怕的老鹰脸的气球，对鸟类产生视觉的威慑。另外，燃放高空礼花弹，使用风动驱鸟器、驱鸟模特儿、超声波驱鸟器，并且经常对机场飞行区的草坪进行修剪，以避免鸟类筑巢，喷洒农药杀死虫子以切断鸟类的食物链，等等，各种驱鸟手段，不一而足。

机场安防人员称，飞机起飞到100米和下降至60米时，最容易遭遇鸟群。一只重量为500克的鸟与一架飞行速度为每小时370公里的飞机相撞，将产生高达3吨的冲击力，超过飞机设计标准的两倍多，能量相当于一颗炮弹打在飞机上。如果飞鸟被吸入飞机发动机，则会使发动机的扇叶变形，或卡住扇叶，导致发动机停机乃至起火，飞机动力系统的破坏将直接让飞机坠毁。因

说谎话的人所得到的，就只是即使说了真话也没有人相信。——伊索

此，机场跑道南北两端、机场围禁两侧的3公里范围内都是净空环境保护区。

昆明机场驱鸟队提供的记录显示，机场每年都有许多进入机场而被击落的鸟类，品种繁多，其中还包括一些珍稀鸟类。以前被击落的鸟都送到云南大学去处理，没有受伤的珍稀鸟类均被送交昆明市野生动物收容所。

今年7月1日，云南省政府颁布的《云南机场保护条例》已经实施；机场与昆明市政府合作，实施了《昆明市人民政府关于加强昆明机场净空保护区域管理的若干规定》；自行编制了《机场安全使用手册》、《航空安全管理手册》、《空防安全管理手册》等，使危害净空安全行为的行政处罚有了法律依据，增强了净空监督管理工作的可操作性和执行性。

安全发展是硬道理。昆明机场生产量增长、市场占有率提升、服务品质提高、诚信机场建设等，都离不开安全，没有安全就没有发展，发展也在多方面提升了昆明机场保障安全的能力。

近几年来，随着航空业的高速发展，巫家坝机场作为全国单跑道起降架次最多的机场，长期处于满负荷运行状态。为确保安全生产，机场采取了强有力的安全管理措施，在软、硬件上下工夫，不断完善安全管理体系，增加设施设备的投入力度。机场以“落实安全生产责任制”为主线，认真贯彻“领导责任落实、工作任务落实、工作力量落实、协调配合落实、责任追究落实”的“五落实”要求，结合机场实际，做到思想、精力、措施“三到位”，从“三标一体”管理体系到SMS、SeMS，从超前防控到危险源辨识，安全意识已经在员工心里扎了根，体现在一举手一投足中，严格而科学的管理模式和技术模式，安全设备、安全规章、安全培训、安全例会等，都有翔实而具体的规范、要求和记录台账，使安全工作立足“防”字，突出“严”字，落实“改”字，始终处于可控、在控状态。通过进一步建立健全安全规章制度，细化完善安全工作流程，加强员工安全意识教育和业务技能培训以及认真开展安全专项整治等工作，确保了机场安全运行保障能力得到了稳步提升。

（一）坚持体系化建设保安全

昆明国际机场于2008年3月全面启动了建设近一年的以“自我监督，自我审核，自我约束，自我完善”为主的安全管理体系（Safety Management System），增加行业风险识别和风险控制的能力，努力实现闭环安全管理。SMS安全管理系统被誉为航空安全管理上的一次“完美风暴”，其核心理论是一个系统的、清晰的和全面的安全风险管理过程，涉及安全管理的各个方面。建立健全安全管理体系（SMS），既是国际机场组织的强制性要求，更是机场系统实施积极主动的系统安全管理、保障航空系统安全发展的内在需要。

昆明机场将安全宣传与教育、安全文件和记录控制、安全信息管理与报告、风险管理、内部安全检查、应急响应、安全监督与审核、纠正与纠正措施、安全管理制度、安全设施设备管理、员工培训与资格认证以及安全保卫方案等十三个方面纳入SMS安全管理体系。在全机场范围内开展危险源辨识管控，对辨识出的2043项危险源进行系统录入，将重大危险源“上墙管理”，对作业行为、环境以及危险因素实施动态管控。随着体系运行的深入，因管理原因和人为原因造成的不安全事件次数明显减少，安全管理体系运行成效明显，安全风险控制能力不断增强。

与传统的机场安全管理注重“安全点”的方式相比，安全管理体系(SMS)所关注的则是“安全空间”，在这个空间分布着各种“安全面”，“安全面”上又分布了各种传统安全管理所关注的“点”，这些

信用是难得易失的，费十年功夫积累的信用，往往由于一时的言行而失掉。——池田大作

"点、线、面"之间的协调运转共同构筑了一个安全的大环境。

以前，机场的围界只是设立岗亭让队员站岗值勤，由于视野有限，一些路段由于天气、季节等原因成为盲点，存在一定的隐患。安全管理体系推行后，护卫部及时完善，在站岗守卫的基础上增加了分段巡逻，并从美国引进了最先进的振动电缆对围界进行设防，安装了26台围界报警摄像机24小时全方位地对围界进行监控，大大加强了昆明机场的围界安全。在地面服务部，为防止旅客随意在机坪走动发生意外，工作人员特意在扶梯下增设了围栏。考虑到客机降落时如遇大雨天气，旅客可能因为着急下机，而在湿滑的扶梯上跌倒，要求等到雨停后再打开舱门。

以危险源辨识为切入点，采用系统手段，将管理方法从纯粹的反应模式转向主动模式，不断改善安全管理方法和措施，是昆明机场建设和推行安全管理体系（SMS）的要求和规范。安全管理体系的全面运行，也为昆明机场引入了一种新的安全管理模式，将过去安全管理单纯依靠上级督促的被动行为转变为职工自愿参与的主动行为，从而在企业内部形成一个系统化、制度化的安全管理机制，进而提高安全管理水平，为昆明机场更稳定地发展保驾护航。

2009年，昆明机场建立了SeMS安保体系建设，在安检规章标准执行、机场控制区证件管理、安检护卫人员配备及执勤、安保设施设备配置、内场交通管理、道口安检、围界巡防、航空器监护、消防救援和公共区域治安防范、内部治安保卫等方面加大了安全管理力度，进一步强化了机场空防安全。

2010年，昆明机场结合"安全体系建设年"活动，认真总结体系运行经验，进一步修订和完善体系内容，在继续做好对原有危险源风险管控的基础上，重新辨识和整理危险源782项，组织安全管理体系及危险源辨识培训9期，受训人数400余人，初步建立了以风险管理为核心的安全管理体系。同时，机场还将集团相关参控股企业危险源管控纳入机场安全体系运行范畴，进行统一指导和推进。随着体系运行的深入，机场因管理原因和人为原因造成的不安全事件次数明显减少，安全管理体系运行成效明显，安全风险控制能力不断增强。

多年来昆明机场在安全体系建设上，编制系统化的法规手册、程序、方案、规章、制度等文件达几十部，遍及安全护卫、候机楼设施、机场运行、航空器安全、应急救援、专机保障、施工、道路、信息、危险品运输、控制区证件、班组建设等方方面面。

（二）坚持诚信建设保安全

安全诚信是实现昆明机场经济价值和社会价值的根基，是昆明机场安全运营的基本条件。2004年5月，昆明机场接受了国际民航组织的航空保安审计，并于2006年6月通过了后续审计。2008年11月7日，以97.96%的高符合率顺利通过了民航局组织的民航安全审计，在目前已审计过的旅客年吞吐量千万次机场中名列前茅。昆明机场在安全审计中，提出并完成了多项整改项目，提升了机场的安全诚信度。昆明机场积极配合云南省政府，联合市安全生产监督管理局、各区政府等，组成了净空环境保护区域鸟害整治工作领导小组，专项开展净空保护区域鸟害整治工作，仅2009年活动期间，即处理养鸽户639户，处理鸽子19 483只，有效地缓解了昆明机场净空安全保障压力。昆明机场积极推动云南省人民政府出台《云南省民用机场保护条例》，目前已颁布实施，并与昆明市政府合作，于2010年颁布了《昆明市人民政府关于加强昆明机场净空保护区域管理的若干规定》。昆明机场自行编制《机场安全使用手册》、《航空安全管理手册》、《空防安全管理手册》等，使危害净空安全行为的行政处罚有了法律依据，增强了净空监督管理工作的可操作性和可执行性。

昆明机场通过建设“云南大民航协作”四项联动机制，积极研究、探索并实现了对安全诚信的监管；通过“定期曝光制”、“通报奖惩制”、明查暗访以及“讲评考评制”等，考核、监管昆明机场安全诚信情况，完善的安全诚信机制，提升了昆明机场的安全诚信度。

（三）坚持班组建设保安全

班组是机场最小的组织机构，也是最具体的执行机构。昆明机场的安全文化建设，历经强制、防护和班组建设“三级跳”。在安全文化建设初期，昆明机场强调并要求员工在安全上必须执行各项规章制度，并制定了严

我宁愿以诚挚获得一百名敌人的攻击，也不愿以伪善获得十个朋友的赞扬。——裴多菲

格的奖惩办法；随着安全文化进程的推进，员工逐步认识了安全文化的重要性，开始注重本人岗位的安全问题，并在本岗位上，让安全成为保护自身的需要；近年来，随着安全文化软实力建设的深入进行，经过持续的安全文化教育与培训，昆明机场在组织构架上，逐步形成了基层班组的安全互控，利用班前准备会和班后总结会，强调作业规程和注意事项，加强检查，通过建立和完善班组激励、检查、考核机制，充分发挥基层班组在安全生产工作中的主力军作用。

昆明机场的班组建设，紧紧围绕创建安全高效团队、培养安全班组长、建立安全管理长效机制，以抓安全、抓学习、抓创新、抓团结，促进基层安全班组建设工作制度化、规范化、标准化和程序化，将班组建设与安全体系建设有机地结合，使出现的安全问题可以通过班组得到控制，激活员工贯彻安全文化的积极性和主动性。如昆明机场安检站班组，先后自行制定了14本台账，通过开展应急预案演练，观看新型违禁品、证件演示，差错事故苗头分析，岗后班组讲评、技能大赛等，实现了五年无一起安全差错事故的纪录。护卫部“磐石”班组，在安全文化建设上，坚持以“三标”为总规，将SMS和SeMS要求的各项管理，融入安全工作环节，建立起与“123”、“119”指挥中心的协调联动机制、应急救援预警系统和评估机制，完善了救援力量的组织调度机制，构建起昆明机场运转高效的应急管理工作平台；“磐石”班组还通过强化班组的“创建基础、组织管理、监督考核”三个机制，完善安全培训“调节、约束、激励、考核”四个机制，打造“学习型、文化型、自主管理型、创新型、精细化管理型”五种模式，建立“宣传引导、素质教育、亲情疏导、警示训诫、群防群治、标杆示范”六种机制，采用十种培训形式，保证了班组安全文化体系的闭环式运行，实现了安全自控、互控、班组控的安全文化“三级跳”。

（四）坚持改善硬件保安全

在昆明新机场建设竣工前，昆明机场硬件设施不足的“瓶颈”仍将存在。1999年设计年旅客吞吐量800万人次的昆明机场候机楼，2010年已承载年旅客吞吐量突破2 000万人次的高限，保障能力受到极大的挑战和重压。多年来，昆明机场为提升整体服务品质，履行诚信机场的承诺，累计投资了约2.24亿元进行增容改造。新建17 260平方米的两层式候机楼，160米连接老候机楼与商务候机楼间的“空中廊桥”，16 543.3平方米的服务车道，13 781.5平方米的停机坪；扩建并新设了旅客办票大厅，新增了22个值机柜台、9个安检通道、10套行李设备及配套设施；改造了约13 700平方米的国际候机厅、国内进港大厅、老候机楼1层VIP贵宾区及中转厅；机场停机位增至63个；扩建了“八一”停机坪；完成了“八一”候机楼的改造工程。昆明机场在周边条件复杂的情况下，通过多项硬件设施的建设、改造，使机场的运行保障能力得到极大的提升，最大限度地为旅客创造了安全、舒适、快捷的候机、登机、到达等服务。

长期以来，昆明机场积累了丰富的安全管理经验，从“一严两抓”、“八该一反对”、“四严一保证”、“关口前移”、“事前管理”到“四防五加强”等。近年来，昆明机场着力推进安全管理理念的创新，在引入国际上以“风险控制”、“闭环管理”为核心的先进管理理念的同时，创造性地提出了“五严”（严在组织领导、严在规章标准、严在监督检查、严在教育培训、严在系统完善）要求为主要内容的系统安全管理理念。同时，机场上下也在不断总结经验，注重总结和继承传统安全文化的精髓，积极吸纳国际上先进安全文化建设的有益经验，努力构建包括学习文化、报告文化和公正文化在内的先进的行业安全文化。并通过强有力的培训教育，营造保障安全的良好氛围，使这些宝贵的理念深入员工内心，成为保障安全的自觉行动，变领导的强制管理为员工的自我管理，变领导的监督为员工的安全需要，逐步建立了机场安全诚信的规范化管理。

欺人只能一时，而诚信才是长久之策。——约翰·雷

管理创新，实现发展的成功路径

【诚信实例】

管理创新 科学发展

冬日的高原，天空蔚蓝高远，空气清新剔透。沐浴着温煦的阳光，昆明机场一架架银鹰，伴随着发动机的阵阵轰鸣声，加速后腾空而起，翱翔于蓝天之上……

仰望空中一架架轻盈飞过的银鹰，不禁让人发问：在国际金融危机带来的阵阵寒意中，昆明机场却繁忙依旧，究竟依靠什么保有春城空港的暖意？

"回首2008年，无论机场的外部大环境，还是机场内部小范围，都称得上不平凡。在这样的背景下确保我们运输生产安全不仅仅是一种责任，更是一种考验。"

挑战是严峻的。从2月份南方的冰雪灾害到5月份汶川大地震、7月份机场特大降雨，一系列频发的自然灾害增加了机场的运行保障难度。从重大航空运输

保障任务到应对各类突发事件，带来的是机场安全巨大的压力；金融危机等外部环境因素，影响的是机场生产运营的市场和客源。更令人称叹的是：一个单跑道、航站楼面积不到8万平方米、设计旅客吞吐量不到800万人次的机场，2007年的旅客吞吐量已经达到1 573万人次。快速发展遭遇诸多运行资源瓶颈，如何稳定员工队伍，沉着应对突如其来的事件，确保安全、优质的运行质量，实现持续增长，是当前乃至今后几年昆明新机场建成前，摆在昆明机场面前的考验。

同样，成效也是显著的。2008年，昆明机场累计完成运输起降架次14.94万架次，旅客吞吐量1 582.33万人次，货邮吞吐量23.52万吨，实现营业收入5.75亿元，各类指标同比仍然实现了增长，制约机场发展的瓶颈逐步打开，在建设枢纽机场的道路上迈出了重要步伐，取得了较好的经济效益和社会效益。

这一切，靠什么作为支撑？昆明机场人给出的答案是：管理创新，科学发展。

（节选自《云南日报》 2009.1.16）

创新，按照熊彼特（Schumpeter）的说法，是指将生产要素的“新组合”引入生产体系。这些新组合包括引进新产品、采用新技术、开辟新市场等。

创新是企业最珍贵的财富，是企业发达兴旺的不竭动力。创新需要有一个过程，走过这个过程，才能完成创新，形成自己的品牌、产品和核心竞争力。

由于民用机场大多使用高科技产品，工作流程复杂，安全系数要求极高，旅客、航空公司及驻场单位对机场服务品质不断提出新的要求，因此，创新在机场未来的建设与发展中占有极其重要的地位，具有极其重要的意义。多年来，昆明机场一直积极倡导创新，提出了一系列创新理念，并将创新理念付诸创新活动和创新项目中，成为参与创新人数多、创新项目多、创新成果多的机场之一，取得了一系列创新成果。

管理创新，就是在科学理论的指导下，对传统的管理制度进行变革，并重新选择和构建新的管理方法和制度。管理创新是为了最大化地发挥机场各项资源的效用，使机场各项资源更快、更多地转化为市场服务的能力，这也是建设昆明机场独特竞争优势、增强核心竞争力的需要。目前，我国枢纽机场之间竞争激烈，业务范围基本相同，硬件设施设备经过更新后，也与国际机场相差无几。很显然，枢纽机场未来的战略发展及市场

人类最不道德处，是不诚实与懦弱。——高尔基

竞争，将在很大程度上依靠管理创新。管理创新的方法是通过新的管理方法、新的管理手段、新的管理模式，把各种要素组合引入企业管理体系，有效地实现企业的经营目标。昆明机场人以体系化建设、精细化管理为基础，将管理创新的标尺锁定在了国际一流机场的标杆上。

（一）体系化建设

1.企业管理，推出“三标一体”模式。即按国际通行的ISO9001、ISO4001、OHSAS18001标准，规范了机场一体化的质量、环境和职业健康安全三个标准的控制程序、手段和方法，做到了工作有章可循，事情责任到人。

2.安全管理，推行安全管理体系。以危险源辨识为切入点，将管理方法从纯粹的事后反应模式转向主动模式，并从“点、线、面”之间的协调运转，构筑了一个安全的大空间。通过以风险评估为核心，评估、查验、监控、预警、控制、演练、改进为一体的安全风险管理体系逐步建立，切实落实“宣贯、培训、自查、模拟、完善”各个阶段的具体措施，以97.68%的符合率高质量地通过了民航局的安全审计。深入推进安全管理体系建设，加大不停航施工各项安全措施落实情况的监督检查力度，加强净空和应急管理，保持了安全形势总体稳定，圆满实现了全年安全目标。

3.党建管理，开创行业党建体系建设标杆。昆明机场在党建管理创新中的突出成就，即导入了ISO9000系列标准，建立党建质量管理体系，对建立现代企业制度下的党建管理工作作出了新的尝试。ISO9000党建管理体系的导入，为昆明机场扩展市场价值链、实施云南机场集团公司5+1 战略、确立昆明国家门户枢纽地位，起到了重要的推动作用。

ISO通常是对产品质量进行管理，而党建工作的重点是要强化经济意识、政治意识和文化意识，重点是领导班子建设、组织建设和队伍建设，更多的工作是在意识形态领域。如何能够使党建工作更好地指导并促进昆明机场的战略发展，一直是昆明机场党委研究和创新的重点。昆明机场结合自己的实际情况，全面开展了党建质量管理体系建设的培训和文件的编写，在顺利完成《昆明机场党建质量管理手册》和17个程序文件的编写、梳理的基础上，经过相关机构和部门的评审，2007年9月30日，党建质量管理体系得以顺利发布并开始试运行。在昆明机场ISO9000党建管理体系中，由于导入了“顾客”、“产品”等概念，使精细化管理工作得以在机场进一步实施，逐步形成了比较完善的机场管理体系，机场管理工作开始走上规范化、制度化、精细化管理的道路。

昆明机场在ISO9000党建质量管理体系建设中，注重纵向到底、横向到边的目标体系，总体目标从党委成员到支部委员再到党员，进行层层分解、块块分割，形成了系统化和网络化的管理体系，涵盖了民主决策、组织工作、宣传工作、精神文明建设、企业文化、纪检监察、社会治安综合治理、工会、共青团以及二级党工团组织等，既对党建工作有关的内容、考核项目等作出了硬性的规定，又要求必须对有关工作责任、标准及考核指标的程度作出数量规定，以便于执行者和检查者能够准确、全面地把握，使党建工作由“软任务”变为“硬指标”。

昆明机场ISO9000党建质量管理体系的建设，使机场党委立足于新的实践与新的发展，创新了党建工作管理方式，实现了党建工作规范化、标准化、科学化管理，增强了机场基层党组织的凝聚力和战斗力，是与时俱进、落实科学发展观的重要成果。

（二）精细化管理

1.现场管理，实施“7S”精细化。“7S”就是将现场的整理（Seiri）、整顿(Seiton)、清扫(Seiso)、清洁（Seikeetsu）、素养(Shitsuke)、安全（Safety）、服务

坦白是诚实和勇敢的产物。——马克·吐温

（Service）作了细化。这项管理是对现场各种生产要素的管理和各项管理功能的验证，而现场管理范围涉及机场的方方面面，是个庞大的系统工程。精细化管理的推行，对促进安全生产、消除管理失误、防止事故发生、加强安全文化建设、提升服务品质、降低生产成本、塑造良好的机场形象具有积极的作用。按机场人的解释，整理就是区分必需品和非必需品，现场不放置非必需品；整顿就是能在30秒内找到要找的物品，将寻找必需品的时间减少为零；清扫指现场和设备保持在无垃圾、无灰尘、干净整洁的状态；清洁指将整理、整顿、清扫进行到底，并且实现制度化、管理公开化、透明化；素养指对于规定的事，严格遵守执行。通过整理、整顿、清扫、清洁、素养的持续改进，以追求安全生产和优质服务为最终目的。昆明机场精细化管理的推行，对促进安全生产、消除管理失误、防止事故发生、加强安全文化建设、提升服务品质、降低生产成本、塑造良好的机场形象起到了积极作用。

【诚信实例】

创新管理理念 落实诚信创建

为有效推进“7S”现场精细化管理，提高现场管理水平，昆明机场党群工作部结合自身实际，积极引入先进的管理理念，紧密结合昆明机场“三标一体”工作、党建质量管理体系、诚信机场创建工作，提出了“五抓两全”的落实举措，并在具体工作和部门管理中进行了一些有益的探索。

行动源于意识。2008年初，昆明机场提出“7S”现场精细化管理，党群工作部就意识到精细化管理是帮助提高组织战略清晰化、内部管理规范化、资源效益最大化的有力工具，与党群工作部当参谋、抓协调、督落实、办实事的工作职能和围绕中心、多点多面的工作特点相一致。实施精细化管理，将有利于提升部门员工服务水平，提升工作成效，提升队伍素质。

党群工作部专门制定下发了《昆明机场党群工作部“7S”精细化管理规范标准》，将“7S”的内容细分成15条具体的可执行条款，并设立了值班员制度和流动红旗制度。通过一年多的探索和实践，效果显著，有力地提升了党群工作部整体执行力和凝聚力。

2009年初，为进一步深入推进“7S”精细化管理，使党群工作部各项工作的流程更加优化，职责更加明晰，考核更加科学，制度更加严密，督办更加有力，服务领导和服务一线的绩效更加显著，党群工作部提出了“五抓”、“两全”的 “7S”管理措施，每周一位部领导值班，每日三次全面检查，同一问题第一次发现给予提醒警告，第二次发现给予黄牌，扣一分，第三次发现红牌，扣两分，与员工绩效综合考评挂钩。

一抓环境卫生。古人提倡“天下大事，必作于细；天下难事，必成于易”。按照“7S”中整理、整顿、清扫、清洁、素养和创建文明单位的要求，党群工作部从抓办公室环境卫生和办公区域文化走廊创建着手，通过规范办公场所、办公设施、办公桌面、办公文件等物品摆放整洁有序的细节要求，从日常良好习惯的养成入手逐步在员工中树立“细节决定成败”的意识，把重视细节作为一种素质、一种修养、一种工作态度。

二抓作风纪律。坚持求真务实的工作作风，引导员工“实实在在做人，勤勤恳恳做事”，严格日常考勤和请销假制度，考勤情况每周统计并在部门会议中通报，力争真正杜绝迟到、早退、脱岗现象。

三抓工作效率。在部门建设中，要求每位员工强化“心态、目标、时间、学习、行动”五项管理，在每周部务会上通报上周工作落实情况和本周工作计划，编发《部务会纪要》进行督办。针对每位员工不同的工作性质和内容，自我检查和“7S”值班员督查相结合，按照“轻、重、快、慢、缓、急”进行落实，按照“太阳落山”原则进行反馈，营造“人人讲效能，处处抓效能，事事高效能”的工作氛围。

四抓工作质量。党群工作部不断强化员工工作责任心，提高办文、办事能力，力求杜绝低级差错。在工作中出现的一般差错（造成的影响在部门范围内的）给黄牌，扣一分，出现的严重差错（造成的影响在部门范围外的）给红牌，扣两分，使部门的每位员工做的每项工作都严谨、细致、准确、圆满。

五抓服务质量。在工作中牢固树立为领导、为一线提供高效、优质服务的意识。一是在部门文化走廊里公示了全体员工的信息，在为来办事的人提供方便的同时接受监督。二是提出“五个不让”和“四个转变”的工作思

一个人严守诺言，比守卫他的财产更重要。——莫里哀

路，结合创建诚信机场中提出的“五实”作风、“六心”服务，切实当好领导的参谋和助手，发挥好沟通上下、协调内外的作用。三是落实服务承诺制、首问负责制、限时办结制和差错追究制，从制度上保证服务质量的高效落实。

全员下基层。党群工作部要求全体员工结合各自科室职能，以个人为平台，转变工作作风，到一线走访。宣传室要及时了解一线单位的重大工作和典型事例并进行报道，纪检监察室通过员工思想调查问卷、“创建办”通过现场走访和明查暗访、团委通过和青年团员座谈等多种形式从不同侧面、不同层面收集员工对昆明机场党委及党群工作部提出的意见和建议，并在部门会议上通过对问题进行分析，提出解决方案。

全员做宣传。要求在“全员下基层”的基础上，做好昆明机场的内外宣传工作，并也将此作为“7S”精细化管理的条款加以制度化，每位同志每月要写一篇稿子（至少发表在昆明机场内刊及以上媒体），写一篇是完成任务，没有完成扣一分，每多完成一篇递加一分。在省级以上及有影响力的媒体发表的加两分。通过这种措施有效促进了机关员工深入基层找线索、找典型的动力，并提高员工的文字功底和眼中有新闻、胸中有大局的新闻敏锐性。

如何在原有的工作基础上让员工认识到精细化管理给企业带来的好处？让员工牢固树立精细化管理意识，直至深入人心？党群工作部实施精细化管理的过程中采取了各种沟通方法，通过每周部务会、科室负责人专项会议、单独沟通交流等形式，使精细化管理成为全员参与、全面贯通、全过程考核的系统管理模式。让员工一开始就从心里接受通过先进管理模式改善工作中的细节，改变自己的风貌，提高工作效率的“7S”精细化管理。“尽管严格的‘7S’管理给我们的工作带来了一定的压力，但我们觉得很值得很有收获，不仅仅是在工作中，良好的习惯也促使生活更和谐。”党群工作部的同志如此说道。

从“五个不让”、“四个转变”到“五抓”、“两全”，从每周的部务会心得分享、学习提问到“五项管理”的行动日志落实，党群工作部不断地探索和实施更优、更快、更强的软实力文化建设方式，全面推进科学化、精细化管理，有效解决工作中存在的流程不优、岗责不细、职能不顺、落实不够等问题，在不断提高个人竞争力的同时提高部门整体竞争力，确保各项工作高效优质、运转灵活、管理有序，更好地为领导、为一线、为员工服务。

“‘7S’的推行带来的变化不仅代表着昆明机场的形象，更与我们自己的生活和工作相关。”谈起“7S”，一位护卫部工作人员由衷地说道。“7S”让昆明机场的每一位员工都从自己做起，从改善生活和工作中的细节做起，改变自己的风貌，提高工作效率。事实上，通过对现场精细化管理的探索和实践，对机场质量、环境、职业健康安全管理体系的有效整合，运用科学的、先进的管理理念来规范日常管理行为，将现代科学管理理念与工作实际相结合，在制度框架内积极创新，在创新中总结实践经验，昆明机场已逐步建立起适应现代企业制度要求的新型管理模式，追求管理的最大绩效，将促进昆明机场一体化管理迈上一个新台阶。

2.服务管理。诚信机场创建工作扎实推进，营造了和谐的内外部环境。深入开展“奥运优质服务年”和“细节文明推进年”、“管理提升年”活动，改进服务质量、创新服务内容、理顺旅客投诉的受理渠道；积极开展满意度调查和分析工作，时刻关注指标变化，不断完善薄弱环节，努力提高服务一致性；启用“八一”候机楼，完成“一桥两口”改造，开展“三超”行李专项整治活动，保持高于行业平均水平；不断强化员工服务自律意识，在安全压力倍增的情况下，通过细化服务措施赢得旅客及承运人的理解和支持；开展创建候机楼内文明市场、文明商户活动，实现了全年顾客对商家的零投诉。

3.危机管理。在急难险重任务面前经受住了考验。2008年7月2日凌晨，昆明市遭遇特大暴雨，造成昆明机场停机坪积水，机场暂时关闭，航班大面积延误，几千名旅客滞留机场。昆明机场紧急启动应急救援预案，各部门积极投入抢险行动，最大限度地保证了机场安全，以最快的速度恢复机场开放。机场制订下发彻查空防安全管理漏洞工作计划，对10项特别安保措施和35项空防安全管理内容进行了研究和部署，完善落实各项安保措施，有力确保了奥运期间安全形势持续平稳。奥运会和残奥会期间，昆明机场共保障涉奥航班40架次，保障奥运会颁奖鲜花运输2.19吨。此外还圆满完成了2009年初雨雪冰冻天气、“5·12”大地震等灾害造成的大面积延误、返航、备降航班保障任务和旅客服务工作。

诚实是艺术的最大要素，只要我们总对自己诚实，艺术总在那里，它决不会让我们失望的。——柯尼利亚·奥提斯金约

技术创新，提升效益的最佳助力

科学技术是第一生产力。以企业为主体进行的技术创新，是企业实现效益最大化的重要途径与方式，企业通过对技术创新的投入，可以更好地满足客户以及市场的需求，加速推进企业战略进程。由于技术创新的难度比较高，企业技术创新的过程越来越复杂，攻坚的难度越来越大，因此，员工创造性的思维成为企业发展最直接的动力。

【诚信实例】

逐步成长为技术中坚的“80后”

更无柳絮因风起，惟有葵花向日倾

——对上不误事，对下不推事。张源妍说，所谓管理，其实更多的是服务，只有用心去体会上级领导和下级员工的需要和感受，去为工作、为员工搭建平台，创造条件，才是真正对机场、对大家、对自己负责。

张源妍，1981年出生，2002年大学毕业后就职于昆明机场安全运行保障部，曾多次获得云南机场集团公司的嘉奖，2006年被评为云南省优秀共青团干部，2008年荣获“云南省三八红旗手”荣誉称号，是全国民航场务维修队的唯一一位女性负责人。

昆明机场安全运行保障部场务维修队是一线科室，负责昆明机场飞行的适航保障工作，包括飞行区场道、围界和土质地带维护、防洪除雪等应急救援的大量工作。昆明机场300多万平方米的飞行区，相当于标准足球场500多个大小，需要场务

工作人员进行不间断的巡视检查和监控，发现问题及时作出相应的处理。为了不影响白天航班正常，大量工作需要在夜间停航以后进行，经常是通宵。一年365天，一天24小时，场务工作都没有松懈的时候，一粒石子、一颗螺丝、一只小鸟、一个小坑，都有可能给飞行安全带来威胁。

由于场务工作要求严格，责任重大，任务艰巨，条件艰苦，环境恶劣，全国民航从事这一工作的女同志屈指可数。但作为从温室里成长起来的“80后”青年女员工，张源妍自来到场务工作之日起，就没有将自己放在“唯一的女员工”这一特殊的位置，坚持参加场务24小时值班，始终不畏艰苦，积极参与，经常连续工作三四十个小时不能休息。7年来，她从未请过公休假，并多次放弃法定假日的休息时间，时刻不敢懈怠，在最艰苦的飞行安全第一线保障着航班正常运行。

从敬业到专业，要做就做最好

张源妍自来到场务维修队后，从一位懵懂新手，到精通各方面的专业技术，到科室负责人，她以超乎想象的努力成为机场飞行区标准方面的行家，为机场的飞行区安全作出了贡献。由于航班量的逐年递增，从1998年开始昆明机场跑道出现大量破损，对飞行安全构成了重大隐患，当时每天都要对跑道进行抢修，为了能提高保障的计划性和安全性，做到预防为主，2004年，张源妍同志自主设计了跑道编号牌，并和本队的技术人员一起对跑道进行了刻度划分。 7200块道面板，连在一起远得看不到头，他们对道面板上的任何一个点都进行了精确定位，为规范化管理打下了基础，并利用每天晚上机场夜间航班结束后到第二天凌晨通航前短短的一两个小时，对整条跑道200多处破损面进行全面的统计。她通过近两个月的连续奋战，为机场建立了跑道破损道面板块的档案，并在此基础上对每一块道面的破损和修补情况进行了统计分析，总结道面破损的规律和修补材料的特性，对可能出现破损的部位有计划地提前维护，完全改变了原来破损后再修补的被动局面，极大地提高

人之所助者，信也。——《周易》

了保障飞行安全的效果。由于对破损跑道维护工作较好，多次受到民航总局、西管局的表扬，先后有国内10多家机场来昆明机场学习考察。

拓展新思维，寻求新方法

张源妍同志十分重视业务能力的提高，精湛的专业技能，是作为昆明机场飞行安全的重要保证。她始终不断丰富自己的知识结构，敢于挑起工作担子、为单位和集体排忧解难。昆明机场由于地基沉降的问题，滑行道道面逐渐出现多处结构性破坏，至2006年，滑行道下沉超过标准（3mm）的板块达到65块，断裂板块14块。为保证飞机滑行安全，张源妍同志不断摸索、勇于创新，新创了对高差超标部分道面较高的板块进行磨边的处理方法，在成本很低、时间很短的情况下保证了适航条件。

为彻底解决滑行道存在的安全隐患，张源妍在大量调查的基础上，提出了四套方案，包括使用普通水泥加早强剂进行全面修补；将滑行道下沉板块掀开处理土基以彻底解决问题等方法，从施工难度、滑行道关闭时间、成本、效果和对飞行造成的影响等因素综合考虑，优势非常突出，一些细节上的处理方法在国内也属开创性，并获得集团和机场领导的认可和采纳。通过一个多月的紧张施工，在场务维修队员工们的齐心协力下，有效地解决了滑行道下沉问题。

在一次检查中，张源妍发现滑行道的边灯在边线之内，不符合相关规范，如果飞行员按照边线操作飞机，就有可能撞上边灯，造成飞行事故，但如果将边灯移到边线外，不但工期长而且需要耗资400多万元。通过大量查阅资料，虚心向多位专家请教，并得到了上级领导的支持和赞同，最终，昆明机场确定实施利用滑行道边线宽度大于技术标准，可以将边线外移边灯在内的方案，这样节省了300多万元，仅耗资原来的十分之一便完成了改造工作。

纸上得来终觉浅，绝知此事要躬行

——刚来机场时心想：16年的寒窗苦读，终于有个施展抱负的机会了。工作后才发现这么多年学习的知识，并不能很好地应用到实际工作当中，不了解民航，不熟悉业务，做起事来就是纸上谈兵。经过部门前辈的指导和不断的学习积累，我有幸负责了一些科技创新工作。看着创新成果被各个部门使用，心里很开心，也非常感动。今后我会更加努力，不辜负机场对我的信任和肯定。

李绍风，1982年出生，2006年大学毕业后就职于昆明机场信息技术中心数据中心室，他以扎实过硬的专业知识、勤奋刻苦的敬业精神、高效负责的工作态度带领同事开拓思维、创新科技，为昆明机场节省经费高达数百万元，2008年获得集团公司嘉奖，2009年获得集团公司“优秀员工”荣誉称号。

争分夺秒，高效优质完成软件研发任务

2008年3月，民航局下发《关于印发民航航班正常统计办法的通知》（以下简称《通知》），要求全国各机场从2008年4月1日起按照《通知》中的新规定统计航班正常率。数据中心室接到任务后进行了周密的部署，于3月22日正式将航班正常率统计软件的研发工作交给数据中心软件开发小组。作为此次紧要任务的负责人，李绍风充分发挥了“80后”青年敢于承担的魄力，肩负起研发航班正常率统计软件的紧迫任务。由于系统中的统计规则更改后，原有的统计软件在统计逻辑上会出现错误，而新软件必须保证在规则更改后不影响正常的机场运行。同时，按照新规定，还需统计各航空公司所占不正常比例等技术难题。李绍风带领着软件开发小组其他成员，多方收集资料，与业务单位进行有效沟通，迅速建立起相关数学模型。经过10昼夜的不懈努力和反复测试，最终攻克了一个又一个难关，并对软件统计需求与整体构架进行了科学、合理的设计，成功研发出具有自主知识产权的航班正常率统计软件。该软件顺利通过防病毒测试和稳定性兼容性测试，显示出良好的安全性和稳定性，如期投入使用，保障了昆明机场航班统计正常稳定，得到了生产指挥等部门的一致好评，并为集团公司节约44万余元的资金。

科技创新，攻坚克难节省百万资金

2008年3月13日，根据民航总局《关于印发民用机场收费改革方案的通知》文件精神，本着信息及弱电建设战略和节约投资的原则，昆明机场信息技术中心牵头成立“财务收费系统开发小组”。李绍风作为小组中的技术骨干，积极组织小组其他成员投入到软件开发中，连续通宵奋战，克服重重技术难关，在短时间内顺利完成了昆明机场财务系统模块编写。为使新财务系统与日常财务工作结合得更加紧密，李绍风还到昆明机场财务处参与、协助人工结算数据与新系统计算数据的校验工作。他仔细校对，认真排查出实际运用中出现的各种不便和缺陷，并积极寻求解决方案，经过近二十天的努

信，德之固也。——《左传》

力，新软件的校验工作于期顺利结束，检验结果得到软件使用部门——昆明机场财务处的高度肯定。

为完成早日搭建集团财务收益管理平台的重任，李绍风不顾因过度劳累而生病的身体，和小组成员一起投入到各地州机场财务系统软件的编写工作中。项目小组夜以继日、刻苦攻坚，于4月30日圆满结束校验工作，校验结果达到预期目标。5月，集团财务收入查询模块完成编写和校验工作，取得圆满成功。7月，作为国内首家机场集团一体化、数据共享的财务收费系统正式推广到集团下属各航站财务部门使用，取得了良好的收效。此项系统是集团科技创新方面的一次全新突破，为集团公司节资金约百余万元。

比尔·盖茨在总结微软“最好的员工”所具有的特质时，第一条就是：对产品、技术有强烈的兴趣，在知识和技能方面有特长，有迅速学习的能力。积极改进企业的产品和服务不仅可以提升企业的知名度和美誉度，使企业获利，更重要的是表现了员工对企业产品和服务的品牌忠实度。这也是企业员工诚信的体现，作为企业员工，站在顾客的角度发现企业产品与服务的问题，并致力于改进这些问题，才是企业需要的诚信的员工。

2007年，昆明机场信息技术中心成立了自主创新小组，对企业经营目标、职能分工、业务流程、业务表单、资源整合等全面、细致地进行了调查和诊断，系统地分析了民航机场航班保障业务的共性，并在其相关业务数据的基础上，建设了机场集团公司中央数据库AODB。

为了将昆明机场航站楼航班显示系统从传统的“封闭式”向互联网的“开放式”转换，解决航班显示系统界面风格简单、系统漏洞多、运行不稳定、维护费用较高等问题，昆明机场信息技术中心QC小组充分发挥专业优势，对机场电脑、电视航班动态显示系统进行研发，研发小组的9名员工，坚持工作、开发两不误，投入了200多个小时进行程序编写和功能实现，完成了包括云南各支线机场在内的航班显示、广播系统的联动，集成离港数据，并预留接口容量保证机场5年内的改扩建要求。新开发的电脑、电视航班动态显示系统功能完善、使用方便快捷、界面设计典雅大方、内容简洁易懂，具有可靠的安全性、丰富的个性化风格，从根本上改善了原有系统的设计缺陷和单调枯燥的显示方式。

根据民航局要求专项整治及建立完善航班不正常通报制度，昆明机场信息技术中心自主研发了生产运营系统延误统计软件。从程序编写到功能实现，从程序语言修改到软件研发，对延误原因进行重新归类，实现了便捷、快速的统计，更改了统计规则及报表，保证了统计数据的准确性，新增了进、出港航班延误时间统计功能和报表，完善了进、出港航班数据统计功能。此项研发，为昆明机场节约软件开发费用及后续维护费达25万元。

云南现有12个机场，且大多数处于高原和边远地区，为了进一步提高集团公司会议效率，昆明机场信息技术中心自主研发了视频会议系统（Video Conferencing System）。该系统可利用现有的图像通信技术、计算机通信技术以及微电子技术，进行本地区或远程地区间点对点或多点之间的双向视频、双工音频以及数据等交互式信息实时通信，可将多个机场会议室的电视设备进行连接，使各支线机场领导在本地即可参与会议、进行对话与讨论，节省了云南各支线机场领导的时间和在昆明的住宿、交通等费用成本，更便于快速处理紧急和危机事件。

针对昆明空管中心《关于停止提供次日飞行计划的函》，昆明机场信息技术中心对航班计划软件开发项目进行了集中攻关，有针对性地开展了关于航班计划获取途径、获取方式和航班数据比对效率等方面的研究。从采纳数据的审定，到完成航班计划制订、确定报文处理、提高生产保障模块、进行虚占航线分析等，最终实现了提取计划模块、定座接口、报文处理、保障正确的飞机号、虚占航线分析等功能。在开发时间紧、涉及知识面广等诸多困难面前，经过项目开发小组20个昼夜的不懈努力，次日航班计划软件生成系统开发完毕并投入使用。该项研究使昆

信言不美，美言不信。——《老子》

明机场次日航班计划准确率达到95%以上，确保了机场生产运营系统、离港系统的正常运行以及机场生产运行的有序开展。

昆明机场技术信息中心的多项创新成果，填补了民用机场多项技术空白，也为昆明机场节约了上百万元资金。

2006年2月23日，昆明机场自主研发的“民用机场安检信息管理系统”通过了民航局科技鉴定，鉴定委员会一致认为，该系统启用了先进的机场安检管理理念，部分功能处于国内领先水平，具有推广价值。该信息管理系统为机场反恐提供了更详实的信息，实现了将安检信息由传统分散向集中整合方式的跨越；对旅客安检全过程的信息管理；对通缉人员真实身份的比对；对安检人员的规范化管理；以及与离港系统的联网，杜绝了偷渡、私换登机牌等情况的发生。该研发项目被云南省政府评为“企业信息化示范工程”。

昆明机场安全运行保障部针对机场地基沉降、滑行道道面出现结构性破坏的情况，创新了“对高差超标部分道面较高的板块进行磨边处理”的方法，有效地解决了滑行道下沉问题。为节约成本，经查询大量资料，在确保昆明机场滑行道现有的有效宽度不小于23米的情况下，提出了“利用滑行道边线宽度大于技术标准、将边线外移边灯”的方案，该方案不仅严格执行了民航的相关规定，还节省了滑行道边灯外移需要的资金300多万元，保障了飞机起降安全。

2008年，昆明机场安运部开展了自主性创新“沥青混凝土配比试验”。利用这项创新成果对机场跑道麻面进行修补，方法简单、使用工具少、可单人操作、时间短，修补后的道面水泥使用寿命长，使用的材料价格便宜，使飞机在5～6分钟内即可通过，大大提高了机场运营效率。此跑道修补方法，得到了中国民航设计总院和壳牌公司专家的一致肯定，为解决各机场跑道麻面修补问题提供了有效的解决方法。

昆明机场航空安全护卫部消防大队，负责维修维护机场进口消防车6辆、国产消防车7辆，针对美洲豹主力消防车维修维护难度大、国内市场基本无消防车辆维修维护所需配件、消防车辆维修维护具有特殊性等特点，积极探索、自主创新对各种消防车辆维修维护的研发技术，大大提高了机场消防车辆装备的故障排查能力，缩短了故障处理周期，确保了机场消防保障等级符合机场运营需要。他们的自主创新，为机场节省了各项维修费、维护费达47.04万元。2007年，航空安全护卫部消防大队驾驶员李能被云南省创争活动领导小组授予“创建学习型组织，争做知识型职工先进个人”荣誉称号；2008年，由于技术创新成绩突出，航空安全护卫部消防大队荣获昆明市政府授予的“先进企业（政府）专职消防队”称号，并多次被国外公司邀请参与对广州、长沙、天津、拉萨及省内等机场美洲豹系列消防车的维修。2009年，昆明机场护卫部员工黄昊针对机场公共区域反恐怖、防爆工作，提出了“候机楼防控体系”，通过对安全管理体系等五项措施的建设，保障了候机楼能够始终处于安全状态。

多年来，昆明机场坚持技术创新，以多项技术创新，保障了机场生产的高速增长，保障了机场安全、高效地运行，保障了机场服务质量的提升，推动了机场战略进程。

不宝金玉，而忠信以为宝。——《礼记》

诚信，提升管理目标的有效途径

【诚信实例】

建设诚信企业 树立优质服务平台

近几年来，由于航空货运具有其他运输方式无法比拟的优点，加之云南省特有的地理和资源优势，昆明机场的货物邮件运输总量一直呈上升趋势，这些既给空港物流带来了机遇，也给现场保障能力提出了更高的要求和挑战。据统计，公司每年处理的业务总量以10%的速度稳步递增，公司针对各机型的装载特点，总结出一套特殊的装机办法，在飞机货舱的舱容装载利用上，与2005年之前的状况相比，有了大幅度的提升，为航空公司提供了新的赢利空间，得到了南航、国航、深航、海航、川航等多家航空公司的好评，2007年获得了山东航空公司货运部赠予的“最佳合作单位”称号。

自2005年以来，公司积极响应昆明机场开展了创建诚信机场活动，服务质量得到了明显提高。在旅客行李保障方面，提取时效大大提高，做到进港航班第一件行李交付时间不超过15分钟，宽体客机不超过25分钟，比十项服务承诺提高了5分钟。分拣差错率仅为二万分之一，远远低于昆明机场保障运行标准万分之二。通过不断的努力，空港物流多次得到了旅客的好评，也获得了不少殊荣：2005年获昆明市消费者协会颁发的“消费者满意企业”称号，2006年至2008年均获得云南省消费者协会颁发的“诚信单位”称号。

服务质量是企业的生存之本，也是企业在竞争中制胜的法宝。公司考虑到一些客户对特殊货物的提取时效有更高的标准，专门为松茸、急件货物等特殊货物开辟了“绿色通道”，保证客户在航班落地30分钟左右提取到货物。

随着货运量的不断增加，提、发货场地显得越来越不能满足业务的需求，2009年，公司投入了资金，对货场进行了改造，增加了待货区的面积，加强了停车场进出车辆的管理，为客户提供了一个畅通、高效的服务环境。

2007年9月28日一大早，现场值班人员接到一个电话，告知有一个病人正躺在四十三医院的手术台上，急需一医疗物品，这个特殊的货物——“人造关节”，现正从北京机场搭乘国航的飞机，即将飞抵昆明，请空港物流人员尽快帮忙让客户取到这个物品。得知这一情况后，公司领导立即安排人员跟踪处理此事，启用了货物保障“绿色通道”工作程序，各种单据和各项准备工作均提前到位。中午11:20，CA1403航班落地，在调度的统一安排下，各环节积极配合，这件9公斤的货物从飞机货舱中分拣出来后，乘上机坪工作车，通过正常的交接核对手续，29分钟后即交到货主手中，病人的手术顺利完成了。10月7日，病人所在单位成都德美诚科技发展有限公司为感谢我公司的工作人员，送来了一面锦旗，上书“节约时间即赢得生命，空港物流将赢得大众”。

在提高服务质量的同时，公司争做好人好事蔚然成风。开展创建诚信机场活动以来，涌现好人好事近百起。2005年6月13日20时30分，仓库当班员工

君子不失足于人，不失色于人，不失口于人。——《礼记》

张宇峰在发运昆明至成都货物的时候，发现其中有一只运往成都的名贵狗有异常反应，经仔细观察，发现狗正在产小狗，根据经验，此情况如果继续运输，会对大、小狗造成生命危险，他立即通知收货员工潘黎、訾晓娟等与货主联系，并协助货主及时办理退货，停止运输，使大狗安全产下了八只小狗，为货主避免了1万余元的损失。事后货主非常感谢，送来了一箱冰棍为员工解渴。

想客户之所想，急客户之所急，无私奉献的精神，是空港物流人人倡导的服务理念。像拾金不昧这样的事情在空港物流经常发生，他们却没有过多的宣扬。如今悬挂在营业大厅内的奖牌和锦旗正是这种服务理念最真实的印证。多年以来，监装监卸人员屡次发现在卸飞机的过程中旅客行李散落在机舱内，有现金、银行卡、存折、身份证等物品，其中有一次银袋内装有现金一万余元。他们及时将这些物品上交到行李查询处，归还失主，得到了失主的感谢和赞扬。因此空港物流被授予了“诚信集体”的称号。

云南空港物流有限公司是昆明国际机场的航空货运通道之一，承接了国航、南航等十余家国内航空公司及五家国际航空公司的货运保障业务。空港物流员工用青春和汗水努力建设诚信服务企业，认真落实昆明机场服务质量标准，全面推行“首问负责制”、“十项承诺”和“五心”服务、“五实”作风，铸就着诚信的荣誉和辉煌。物流公司的服务质量及客户满意度逐年提升，现场保障能力多次得到航空公司的一致好评，为树立昆明机场诚信服务品牌贡献一份力量。

【诚信实例】

诚信意识深入人心

昆明机场出入境检验检疫局作为机场创建诚信机场的成员单位之一，深

刻认识到建立“诚信检疫”对于昆明机场口岸发展的深远意义，高度重视诚信机场创建工作，在全局干部职工中深入开展了“诚信共创”教育活动。从“爱国守法、明礼诚信、团

结友善、勤俭自强、敬业奉献”20字的基本道德规范抓起，培育全员“诚信是金”的理念。在内部报纸和刊物上开辟了诚信道德教育专栏，在服务窗口制作了诚信服务和道德规范宣传图板等。各科室积极利用政治学习时间对职工进行诚信教育，通过正面典型宣传，反面典型教育，使全体职工认识到诚信对于个人、单位和社会的重要性，开展了“道德示范六行动”、“一日三德三做”等主题活动，强化了全体员工的诚信意识。还在局域网上开辟了论坛，引导职工对“诚信创建”开展大讨论。职工踊跃发表看法，见仁见智，表达了对诚信创建的渴望，并积极与机场驻场单位联络沟通，加强协作，交流创建诚信机场中的经验做法，互相取长补短。通过深入开展诚信教育，在职工中广泛树立了诚信观念，为推进诚信机场创建打下了坚实基础。

机场检验检疫局积极履行服务承诺，实行365天、24小时值班制，认真执行5+2工作制，快捷、高效地完成检验检疫工作。实行5+2工作全天候制度，克服岗位多、人手紧、任务重等种种困难，确保进出境飞机、旅客及其携带物通关便捷、高效。提供优质高效的文明服务，积极推出了“二有、三心、四制度”服务。“二有”，就是有一个功能齐全、服务规范、优美整洁的工作环境，有一系列方便快捷的服务措施。“三心”就是接待热心、回答

言必先信，行必中正。——《礼记》

耐心、工作细心。“四制度”，即首问负责制、急事急办制、特事特办制、服务承诺制。大力推行新的“四个一”，即一套完善的服务礼仪，一个科学的管理机制，一系列便民的服务举措，一身熟练的服务技能。

2009年全球爆发了甲型H1N1流感，机场检验检疫局针对在对入境旅客进行传染病检测中出现的旅客抱怨、抵制等问题；以及因体温检测和健康申明卡核收等工作对旅客通关造成的延误，引起大量旅客和各航空公司的不理解、投诉，甚至是不配合等问题，采取了由局领导牵头，责任科室负责，全员参与的方式，即局领导牵头协调机场和各航空公司，明确相关工作流程、环节和各自需承担的工作。从取得机场和航空公司的理解，到加强对旅客的宣传，再到旅客的配合，大大降低了旅客的不满意率，同时加上现场工作人员的二次宣传和说明，有效解决了入境旅客和航空公司的投诉和上访问题。

入境旅客携带物查验一直是产生矛盾较大的工作。由于部分旅客对相关法律法规的不知晓，造成入境时其部分携带物被截留销毁，从而引起一些旅客的不满、不配合，投诉和抵制行为时有发生。针对此问题，在现场耐心向旅客解释、说服的同时，检验检疫局进一步加大了宣传工作，在进出境通道发放旅客须知，有针对性地加强相关法律法规的宣传，并且向航空公司提供视频宣传资料，要求在飞行过程中进行播放，提高旅客的知晓率。2009年，共处理入境旅客投诉和建议16起，同比下降26%，收到感谢信1封。

针对部分货主对货物通关速度的投诉，机场检验检疫局积极调查，分清原因，属于货物和报检公司问题的，一律耐心说明，以帮助教育为主，辅以扣分和处罚；属于自身工作问题的，坚决改进调整，以更加有效的工作服务企业。同时，为提高工作成效，减少企业不必要的损失，机场检验检疫局货检科定期召集企业代表召开座谈会，传达新政策和新要求，并和代表针对工作中的问题广泛交流，提高了服务的有效性。2009年，共处理进出境货物投诉和建议6起，同比下降17%。

这些来信来访和投诉，无有案不查、压案不报的情况，办结率达100%。由于及时化解了各种隐患和问题，有效地减少了各类矛盾的发生，未发生一起群体性和越级上访事件，真正体现了和谐的工作秩序。

【诚信实例】

责任如山 奉献如歌

随着云南对外经济的不断发展，特别是中国——东盟自贸区的建立，昆明机场口岸近年来的国际航线数量以及进出境旅客人数快速增长，昆明机场已成为西南地区的国际航空枢纽。

在这个连接着东南亚的重要空港口岸上，活跃着一支团结奋进、公正执法、文明诚信、热情服务的队伍——昆明机场海关。而昆明机场海关缉私科，就是这支队伍中最年轻、最有活力的一部分。

昆明机场海关缉私科成立于2007年5月，是机场海关最年轻的科室，科内现有缉私民警4人、缉毒犬训导员3人，肩负着昆明国际机场口岸范围内各类走私、违规案件的查缉工作。自成立以来，缉私科全体人员凭借火热的情怀，辛勤的汗水，在机场海关缉私岗位上牢记使命，兢兢业业，把“诚信”作为海关职业道德建设的中心环节，忠实履行海关把关与服务的职责，爱岗敬业，诚实守信，铸就了昆明机场口岸一支严明、规范的队伍，一支能打硬仗的队伍，一支讲求奉献的队伍，一支团结、和谐的队伍。

作为机场口岸的一个行政执法部门，机场海关缉私科始终注重民警的思想道德教育和纪律教育，将廉政建设作为头等大事来抓，确立了以预防为主、从抓思想入手的指导思想，采取查隐患、找苗头、堵漏洞和开展不间断廉政教育的工作方式，使科内全体人员从思想上充分认识了反腐败工作的重要性和长期性，做到了警钟长鸣；在抓好思想工作的同时认真落实党风廉政建设责任制，严格遵守“六项禁令”和“五条禁令”等海关、公安的工作纪律和廉政规定，并通过运用危机管理的方法及时预防及化解执

君子诚以为贵。——《中庸》

法风险和廉政风险。

多年来，机场海关缉私科根据上级领导部门的统一部署，认真组织科内民警开展“反腐倡廉警示教育”活动，结合缉私科的工作实际，认真分析查找在业务执法工作等方面存在的隐患和风险，对业务领域和非业务领域的各项工作都进行了彻底的排查，认真分析执法风险和廉政风险所在，有针对性地采取有效措施，认真加以整改，做到不留死角。自成立以来，缉私科全体民警勤恳敬业，洁身自好，警钟长鸣，未发生一起违规违纪或不廉洁事情。

近年来，全国空港口岸毒品走私活动近乎疯狂，走私路线迂回变化，缉毒形势异常严峻。随着毒情形势的不断变化，昆明机场海关适时研究、调整缉毒工作重心及策略，积极构建查缉走私毒品的立体防控体系，有针对性地开展工作。在打击毒品走私的前沿阵地上，机场海关缉私科充分利用昆明机场海关现有的两条缉毒犬查缉毒品科学、准确、高效的特性，充分发挥“人、机、犬、情”四位一体查缉模式的优势，加大在昆明机场口岸海关监管现场缉毒犬的使用力度，海关缉毒犬这支空港奇兵在打击空港渠道毒品走私工作中屡建奇功。在查获毒品案件的同时，机场海关缉私科还协助机场海关各部门在工作中查获了大量的淫秽、反动印刷品、音像制品以及象牙、兰花等珍稀动植物及其制品，有力地维护了我省正常的对外经济秩序和文化秩序。

作为身处海关执法一线的科室，海关缉私科深知必须处理好“把关与服务”这两个海关工作重要课题之间的关系。在日常工作中，缉私科不断加强服务意识，把落实好“立法为公、执法为民”的理念贯穿到工作的方方面面，一方面通过科学调整岗位设置，根据旅客流量动态变化，进一步协助旅检部门加强旅客分流工作的科学性，加快通关速度；另一方面通过进一步加强关务公开工作，积极为旅客提供咨询服务，解释宣传新政策法规，提高执法透明度，在严格、规范执法的同时，也创造出了高效、和谐的通关环境。

除完成日常工作外，缉私科还承担着机场海关旅检现场的警务值班备勤工作，特别是2009年时值伟大祖国成立60周年，为做好国庆60周年的安全保卫工作，缉私科全体人员主动放弃了自己的休息时间，全身心投入到国庆安保工作中：通过对业务现场人员进行合理配置，确保重点部位重点保障；与机场海关旅检科关员联合加大旅检现场机检力度，把反宣品、宗教类散发品以及其他敏感物品列为查验重点，确保不让任何一件危害庆典安全的物品从机场口岸流入；强化科内人员应急处置意识，完善应急处置预案，做到定岗、定员、责任到人；加强与民航安检、机场公安、地面服务等相关部门的联系、配合，做到信息共享和联动处置。通过严格落实以上各项措施，圆满完成了国庆60周年安全保卫任务。

日复一日，年复一年，在异常繁重的工作中时时刻刻看到的，却是机场海关缉私科人员高昂的热情与忘我的投入，与优异的工作成绩交相辉映的，是机场海关缉私科科内温情融融的和谐氛围。以人为本、尊重人、培养人、关心人，一点一滴，一桩一件的细微小事，使机场海关缉私科凝聚成了一个坚强的战斗堡垒。

企业的生命线系于诚信，企业家的成败也系于诚信。商家常讲"诚招天下客"，企业常讲"以诚信为本"，消费者的口碑、市场的品牌，都来自于商家的诚信。企业只有恪守诚信，依法经营，以良好的信誉获得合理的利润，才能赢得更大的商业合作机会。

诚信是财富，且是人的良好意愿和人格尊严方面的财富。在诚信方面的投资可能在物质方面不会变得富有，但却可以从赢得的尊敬和荣誉中得到回报。诚信是一个人的品质保证，人与人之间来往,都需要依靠它，彼此才能融洽、和谐。朋友之间有了它，友谊能常存；夫妻之间有了它，能够长长久久；师生之间有了它，能够教学相长；商客之间有了它，能够拓展更大的事业。一个人的诚信是正直的具体体现，是高尚的人格力量，失去诚信，就无法与人交往；一个企业的诚信是宝贵的无形资产，是企业的生命、灵魂和基本准则，是最好的竞争手段，失去诚信便无法在市场

马先驯而后求良，人先信而后求能。——《淮南子》

中生存。

在诚信机场创建中，创建办发挥着宣传、协调、督促、检查等多种效能。他们制定下发了《昆明国际机场创建诚信机场实施办法》、《云南机场集团公司昆明地区各单位服务质量评定标准》、《昆明机场驻场单位服务质量评定标准》、《现场检查记录》、《整改通知书》、《整改回执单》、《创建诚信机场先进班组、个人呈报表》、《创建诚信机场月评比公告表》、《旅客投诉登记表、统计表》、《员工诚信档案表》等十余份创建文档，细化了创建工作目标、流程，明确了职责。通过对各成员单位创建标准、行为规范、考评办法、奖惩制度、持续改进制度等各方面的台账建立，在全机场范围内建设诚信秩序和失信行为的有效约束奖惩机制。以《诚信机场手册》为检查标准，联合各驻场单位共同成立明查暗访小组和安全服务大检查小组，对候机楼内各单位、商家、窗口岗位及旅客服务员的服务质量、安全标准落实情况、商品质量、服务态度、明码标价、明折明扣、环境卫生等方面，进行了每周不少于两次的跟踪检查，督促相关单位认真对待和深入分析旅客、货主、用户反映的问题，制定了具有针对性、可操作性的整改措施，有效反映了一线生产及服务状况，不断提升机场服务水平和安全保障意识。设立“文明诚信监督岗”，开展“诚信之星”评选活动，将诚信员工作为“先进工作者”等各类先进员工评比的重要依据，最大限度调动员工争做诚信员工，对机场内不断涌现的诚信事迹和个人进行记载和表扬，对不诚信不文明的员工给予教育和批评，并围绕诚信创建制定了各项保障措施，不断推动机场诚信管理水平。

一是加大硬件投入，改善服务设施，完善服务功能，合理设计流程，重新梳理机场内各种服务引导标志，确保规范、醒目，开辟头等舱、公务舱及老、幼、孕、病、残专用安检“爱心通道”，实施开放式值机柜台，体现“以旅客为本”的服务原则。同时投入近千万元购置了应急

救援设施，购置和更新了各类急需的生产保障设备，更新了机场信息系统和运行指挥系统，创新开发了安检信息系统。2006年9月1日，2台具有国际领先水平的自助值机柜台在昆明机场正式投入使用，成为国内首家可以为昆明始发的全部航空公司提供符合国际航协CUSS标准自动服务的机场。目前，昆明机场已拥有12台自助值机柜台。

二是加强信息沟通渠道建设，开展机场服务96566特服电话查询服务、短信服务、网上查询服务，提供服务宣传册，加大诚信机场创建在机场内刊、行业媒体、地方各级媒体的宣传报道。创建诚信机场，既要做好“产品”，做到诚信服务、诚信管理、诚信经营，从每一个流程、每一个细节坚持标准，把好服务质量关，使机场服务为旅客带来愉悦的享受和满足，又要注重“包装”。对内加强员工诚信品质、诚信忠诚的养成，使诚信文化的理念像入味的菜肴一样渗入员工的内心，成为自觉的行为；对外加强诚信机场品牌的宣传和推介，得到客户和社会公众的认可。

三是完善监督手段，聘请媒体、消协、航空公司代表等担任机场服务质量监督员，设立商业服务热线，设立候机楼消费者投诉中心和监督站，切实保护消费者权益。在候机厅、货运处设立意见箱，不定期向旅客货主发放《昆明机场诚信优质服务社会问卷调查表》，了解客户对机场服务工作的满意度，履行服务承诺，限时服务，强化社会监督。

四是成立工作小组，配合协助航空公司在机场开设新的服务项目，建立创建诚信机场成员单位季度工作协调或意见征询会议制度。工作小组坚持每天不定期深入开展明察暗访工作，并在每季度一次的65家成员单位联络

欲正其心者，先诚其意，意诚而后心正。——《大学》

员会议上，将在明察暗访中查出的问题和不诚信行为进行曝光，要求各成员单位共同想办法解决。在会上通过所有参会人员民主表决的方式，对于每月的诚信先进个人和集体共同商议进行评选，让各成员单位都参与到创建工作的具体事务中，加强各成员单位创建诚信机场的责任感和使命感。

五是加强候机楼秩序管理，规范候机楼内商业柜台的商品摆放，出台高于文明机场标准的旅客活动区环境卫生服务标准，并严格执行，杜绝候机楼内外拉客、拉票、拉货、擦鞋以及行乞行为，综合治理候机楼内外环境卫生、店容店貌及车辆停放秩序。

六是加强员工培训教育，提高服务技能和综合素质，改善服务态度和服务艺术，旅客有效投诉率明显降低，旅客满意度大幅度提升，有乘机经历者感受到昆明机场的服务水平有了明显提高，信任度增强。

七是开展“创建诚信机场，争创诚信员工”主题诚信教育活动，针对员工的思想实际，要解决“心口不一”的问题，做到重诺言、守信用，言行一致。发动引导广大员工和党团员积极开展诚信承诺签字活动，制定和完善《诚信文明公约》，建立“员工诚信档案”。

八是形成和完善1—10的创建体系，即围绕诚信这一主题，建立驻场单位同创共建诚信机场联动机制和建立创建诚信机场的制度两个机制，建设诚信员工队伍、诚信党员队伍和诚信管理队伍“三支诚信队伍”，做到不让旅客在乘机时感到不方便、不让旅客在候机楼感到不踏实、不让一名工作人员感到为旅客做的事不值得、不让旅客在昆明机场受到冷遇的“四不让”，树立情况要摸实、道理要讲实、工作要做实、措施

要抓实、意见要落实的“五实作风”，奉献热心、用心、倾心、爱心、细心、耐心“六心”服务，贯彻要学会微笑待人、要使用文明用语、要学会诚信待人、要学会宽容待人、要时刻准备帮助别人、要学会按规章办事、要尽心做好每件事的“七要”精神，坚持要与规范化管理结合、要与党建思想政治工作结合、要与人力资源管理和开发结合、要与企业文化相结合、要与安全生产相结合、要与员工奖惩机制相结合、要与精神文明建设相结合、要与构建和谐企业相结合的“八个结合”及采取九项具体服务措施和兑现十项具体服务承诺的工作方针，明确各单位的服务质量总要求，建立起完善的诚信奖惩制度。

九是广泛开展员工诚信意识和服务技能的教育培训，组织形式多样的“诚信杯”系列活动。诚信机场创建以来，开展了“诚信杯”演讲比赛、征文比赛、足球赛、知识竞赛、趣味运动会等一系列具有针对性和行业特色的诚信机场创建实践活动，逐步搭建了与驻场单位间良好的沟通平台。云南民航整体配合协调力度加大，服务水平不断提升。

诚信与达成目标之间的关系，犹如山与水之间的关系。仁者乐山，智者乐水。在仁者看来，山的厚重与坚韧象征了人与人之间的信任与依靠，诚信就是山一般的品质；在智者看来，水的流动与冲力象征了人对自己的生活采取一种灵活与坚持的生活态度，而目标的达成则是对水一般品质的报偿。作为企业，一定要对社会有服务价值，自己才有存在的价值；一定要对顾客讲诚信，不遗余力地打造自身的信用体系，才能推动整个行业健康、和谐地向前迈进。

诚不至者物不感，损不极者益不臻。——《新唐书》

第四章 把握市场脉动，诚信经营

诚信是市场秩序的支柱，是市场繁荣的基石，是现代市场经济运行中的一种重要的资本形态，是企业的无形资产和品牌，一定程度上构成了企业的核心竞争力和创立企业品牌的基石，内蕴巨大的经济价值。以诚信为纽带的昆明机场诚信创建工作，是一个系统的工程，也是一项长期的工作任务。创建诚信机场的意义在于通过创建活动，结合机场当前运作的薄弱之处，不断创新管理、创新服务，发挥优势，拓宽市场，打造昆明机场诚信服务品牌，为新旧机场的平稳过渡打下坚实的基础，最终把昆明机场打造成为面向东南亚、南亚，连接欧亚的国家门户枢纽机场，促进云南省经济社会的发展，争取早日实现航空强省的目标。

诚信，机场发展的内在动力

发展是我们党执政兴国的第一要务。就昆明机场而言，发展是主题、核心和关键。深化改革、安全生产、优质服务和良好的效益是机场发展的四大基石。改革是为了解放生产力，促进机场发展，而没有安全发展就没有保障，没有优质的服务就无法赢得市场，没有良好的效益企业就无法做大做强。四者缺一，机场就会面临边缘化的危险，国有资产就无法保值增

值，员工的利益就得不到保障，企业的稳定和建设航空强省的目标就无从谈起。创建诚信机场，实施品牌战略，必须结合国际化的趋势，紧紧围绕机场的跨越式发展这一主题。

【诚信实例】

“加价票”事件

2009年6月21日晚，李女士、周女士一行6人乘坐云南祥鹏航空有限责任公司的9952航班从昆明至西双版纳，因为赶时间，几人都是赶到昆明机场后，在机场出发大厅购票。周女士在购买机票换了登机牌之后，发现同行的其他朋友在相同时间购买的机票票价是360元（加机场建设费），而她购买的机票票价是520元（加机场建设费），当即去售票处理论，售票处退还了多收的160元钱。而李女士在第二天听同行说起，才发现自己购买的机票也是加价票，经过查询之后得知该票的确是加价销售的。

6月24日，李女士回到昆明后，选择了向中国航空运输协会西南地区代表处进行投诉，在给中国航协西南地区代表处的投诉信里，李女士这样写道：“我们不相信外面的广告，但我们万万没有想到在机场购票，居然也会买到加价票。这至少说明两个问题：一是昆明机场管理存在问题，为什么会让这种加价售票行为在机场发生？在机场出现这种非法情况，显得更隐蔽，更让人觉得不可思议。二是机票代售点的管理存在问题，为什么这种现象屡禁不止？”

中国航空运输协会西南地区代表处在收到投诉信后立即着手进行调查，经过核实，李女士购买到的这张机票的确是假机票，机票上的填开单位“昆明机场售票处”是不存在的，也就是说，有企业冒名销售假机票。经过调查，冒名销售此机票的真实单位是“昆明航艺贸易有限公司”。

在李女士向中国航空运输协会西南地区代表处投诉几小时之后，她接到了昆明航

丈夫一言许人，千金不易。——《资治通鉴》

艺贸易有限公司销售经理向女士的电话，她向李女士表示歉意，表示将上门道歉，并承诺将退还多收的160元人民币。至于售假票的原因，向女士解释为工作人员失误，看错了折扣。

祥鹏航空公司的工作人员孙先生介绍说，该公司机票主要实行网络终端销售。为了便于售票，会与其他代理商进行合作。孙先生说：“公司与代理商之间签有《国内客运销售代理协议》，明文规定双方责权利。在此之前，代理商有违规行为多采取批评教育，退还多余款项给消费者，或是根据情况进行行政罚款，情节严重者，将取消合作。”祥鹏航空公司的新闻发言人也给记者发来短信，称“部分代理商或旅行社确实有私自加价售票的行为，航空公司也是受害者，打了折，实惠却到不了顾客手里”，他觉得航空公司也有委屈。

昆明一个不愿意透露姓名的机票代理商说：“国家已经出台固定的打票程序，出现加价售票情况不是昆明机场或航空公司所为，应该是代理商个人行为。多数机票代理点是被个人承包的，管理存在漏洞。”该代理商认为，这种行为严重降低了机票代理职业在客户心目中的地位，同时给正规售票的代理公司开展正常销售工作带来不利影响。他认为昆明航艺贸易有限公司的行为是不顾后果的自私的行为，作为代理商应以此为戒，诚信服务。

事情发生后，昆明机场立即成立调查小组了解此事，尽管作为场地出租方的昆明机场与“加价机票”的不法行为无关，但航艺贸易有限公司的行为给昆明机场的诚信创建带来恶劣的负面影响，昆明机场责成有关部门对航艺公司进行处罚。

诚信的品格并非是某些人的特有品质，而是后天可以培养的能力。昆明机场之所以将“诚信”作为一项重要的文化内涵或精神素质加以推行，正是因为诚信与其他许多工作能力一样，可以通过指导来培养，而不仅仅是停留在笼统地要求员工做到“诚信”，却

没有具体的“诚信”行为准则。

检验企业及个人是不是讲诚信，可以从三个方面来衡量。一是能不能自觉自愿地诚实守信，主动履约践诺；二是能不能在信息、商品价格及经营利润不对称时，仍然坚持诚实守信，比如不因对方不知情而进行信息、价格和利润的欺诈和蒙骗；三是能不能主动为对方利益考虑而诚实守信。诚信与否，在于能否兑现承诺。所以机场在具体工作中要以高于承诺的标准来要求员工，履行承诺，为旅客提供安全、及时、温馨、舒适、便利、人性的高水平服务。

诚信不完全是一个经济范畴，它更是一个社会心理的范畴。就本质而言，人们更是出于心理需要而坚守诚信。从社会心理范畴去观察，诚信的状况自然就与文化因素有着密切的关联。在现代社会中，诚信不仅仅是作为一种社会公德，也是企业创造价值的无形资本，企业的立业之本。诚信不仅是作为建立在社会公正之上的社会公共诚信，也是企业和市场、企业和社会之间重要的商业诚信。市场经济条件下的商业诚信，它所关注的不只是对自己所作的许诺，而更看重对他人所作的承诺。并且它的核心不是“主观之诚”而是“客观之信”。这是企业在现代社会中不可或缺的诚信品质，也是现代社会为企业在创造商机的时候同时创造的诚信环境。同时，倡导诚信、拥护诚信也是对社会主义核心价值体系最好的呼应和执行。

机场从狭义的概念来说，是城市基础设施，是为社会公众提供服务的场所。广义的概念应该是为整个国民经济社会发展提供支持保障的、综合性的服务设施。机场作为民用航空的重要组成部分，是地方对外开放和旅游形象的窗口，被誉为城市第一名片。构建以确保航空平安、诚信服务旅客、发展充满活力和内外关系和谐为主要内容的和谐机场，意义十分重大。据国际前沿理论的研究，机场是整个社会经济发展、城市竞争力、区域竞争力、国际竞争力的制高点。在云南省提出的“建设民

诚以待物，物必应以诚。——《宋史》

族文化大省、绿色经济强省和面向东南亚、南亚的国际大通道”的发展目标中，航空运输起到非常关键的作用。创建诚信机场应该说是云南航空强省的需要。它既是我们云南展示旅游形象的一个载体，也是航空强省的一个服务平台，能体现云南多姿多彩的民族风情和文化，体现云南面向东南亚、南亚开放的国际化水平。

这些年云南机场产业的发展实践表明，机场的发展有赖于经济社会发展的推动，反过来，机场发展也是经济社会发展的一种催化剂。航空运输业提供世界范围的运输网络，创造了就业平台和财富，促进了贸易交流，刺激了旅游产业发展，推动着经济生产力的增长。机场在国民经济中的特殊地位和自身特性，决定了和谐机场是社会主义和谐社会的重要组成部分，和谐机场建设对于构建社会主义和谐社会具有重大而深远的意义。

当前，我国机场正处于加速发展阶段，既具有加快发展的诸多有利条

件，同时也面临着一些不和谐因素的困扰，这些因素包括：安全基础相对薄弱，安全保障能力与行业快速发展不相适应；服务质量与广大旅客要求仍有差距，航班延误较多，平均延误时间较长，保护消费者权益的制度还不完善；机场发展不够全面、均衡，机场集团内部的系统性、协调性有所削弱，机场管理水平有待于进一步提高；适应社会主义市场经济体制的劳动制度不够完善，在一定程度上影响着职工队伍的稳定。所有这些，都必须通过和谐机场建设加以解决。从某种意义上来说，构建和谐机场也是机场自身发展的现实需要。因为只有从根本上解决上述问题，机场发展才能建立在更坚实的基础之上，才能最大限度地发挥机场融合社会经济发展的作用，为缩小地区发展差距、城乡差距和居民收入差距作出贡献。

人而无信，不知其可也。——孔子

诚信，凝聚“大民航”团结之心

机场和航空公司以及其他驻场单位，对社会公众来讲是一个整体，对我们内部而言是“一盘棋、一家人”，航空运输企业要在市场竞争中立于不败之地，必须携手共同打造服务品牌，满足顾客日益增长的需求。诚信机场品牌建设不只是机场的部分窗口单位的问题，而是机场各驻场单位都面临的重要工作。品牌建设既是价值观又是方法论，我们要通过品牌建设来推进工作，提高工作质量，克服平庸乏味。品牌建设是一个长期过程，是不断出成果的过程，要通过品牌的建设和发展把它作为一面镜子来透视机场的管理水平。

“诚信”不能只是“纸上谈兵”，更不能让它成为“昙花一现”，要心中有信、有德、有义，共同携起手来，一起创造昆明机场持续快速健康发展的良好环境。

我们只有共同致力于满足顾客需求，才能提供优质的服务产品。我们是要通过深入推进诚信机场创建的方式，与驻场单位共同提高服务质量，加强相互配合，推动品牌建设向纵深发展，全面提高“云南大民航协作”的“诚信文化”建设活动质量，通过建立“云南大民航协作”的联动机制，从完善机制入手，使之实现“有序管理、规范服务，张弛有度、提高效益”的目标，从而赢得客户的认可。

创建诚信机场意义重大，最重要的莫过于昆明机场各驻场单位的共同发展，既要注重各成员单位的协调发展，又要抓住牵动全局的主要工作，集中力量重点突破，不断将创建工作引向深入。

昆明机场、各航空公司（尤其是基地航空公司）、空管、边检、海关等单位共同形成了昆明机场范围的服务系统，总体上是“公共航空”的概念。机场服务的保障主体多，协调难度大，机场、航空公司、海关、边检等是利益共同体，而且都是直接面对旅客的主要单位，旅客评价机场服务的好坏不仅仅是机场当局方的服务，也包含所有面对旅客单位的服务，每个环节服务的优劣都直接影响到旅客对机场的总体印象。诚信机场建设不单是昆明机场自身的事情，而是在昆明机场这个区域范围内的各驻场单位一起面临的重要工作。

诚信机场创建之始，昆明机场党委就明确提出了云南民航“一家人、一盘棋”的思想，建立由机场、航空公司（尤其是基地航空公司）、联检单位等所有驻场单位共同参与的运行协调机制，树立整体协同作战的大民航观念，不局限于井中观天，放眼整个民航业的发展大局，加强换位思考和沟通，相互尊重、相互理解、相互信任、相互支持，达到相互服务、相互保障、共同发展的格局。

【诚信实例】

像春天般地温暖

“边检人员的形象变了，亲切了；通关简便了，更快捷了；旅客的抱怨少了，没有了；服务对象的满意度提高了，达99.98%。” 创建诚信机场以来，昆明边防检查站不断提高边检服务工作水平，为中外旅客提供优质服务。目前，昆明边检站已经成为春城国门口岸一道靓丽的风景线。

2011年1月16日，一名旅客在口岸意见卡上留言：“边检服务规范得体，亲切自然，像昆明的春天一样温馨。”

边检形象可与空姐媲美

“微笑，要发自内心；每次出入境的旅客太多，笑不出来怎么办？对不起，请你暂时离开岗位，调整好心态再上岗。” 昆明边检站政委张俊华说，“这是我们站对每一位检查员的基本要求。”

微笑服务是这个站的一道靓丽风景线。在“甲流”肆虐的特殊时期，如何让检查员带了口罩还能亲切微笑？昆明边检站找到一个小诀窍，就是用书

内不欺己，外不欺人。——孔子

捂住下半截脸，练习用眼睛微笑，经反复练习，努力实践，每个检查员都会用眼睛对旅客微笑，这让很多过往的旅客都感到惊喜。

“现在我们的检查员，无论用什么遮住脸，只要能看到他们的眼睛，就能知道是张笑脸。” 张俊华肯定地说。

在提高边检服务工作水平中，昆明边检站将抓服务定式养成作为主攻点和突破口，逐步建立起全面打造检查员专业素质的系列培训平台。他们将检查员分为“初”、“中”、“高”三个层次，实现所有检查员业务知识“一口清”、“问不倒”的目标。他们还聘请专业机构对检查员进行培训，涵盖服务礼仪、岗位执勤、验证流程、规范执法、台外服务等方面，从着装仪态、问候语等百余条细小环节着手，做到执勤官兵一言一行都有定式可遵，每个岗位都有定式可循。

梅花香自苦寒来。殚精竭虑磨砺素质，使这个站的队伍形象焕然一新。前不久，这个站的检查员参加空乘体验活动，与机组人员一起热情为乘机旅客服务的照片，在互联网官方网站上刊发后，网民纷纷跟帖，赞誉边检女警官不仅服务热情周到，形象也可以与空姐媲美。

云南面向世界的一张名片

通关效率是空港效益的“生命线”，同时也是投资软环境的重要内容，这对昆明边检站提出了新的更高的要求。

这个站在反复勘查现场、多次论证后，在离验证台8米处设置“蓝色提示线”，根据候检旅客情况，及时增减通道。他们专设了中国公民、外交礼遇、APEC商务等专用通道，确保旅客直观、便捷通关。与此同时，他们还开设了“边检服务热线”，24小时提供咨询服务，设置了“迟到免排”及“紧急中转免排”通道，实施国际航班预检预录和旅游团队电子报检制度，简化处理流程，提高通关效率。

通过多年来的诚信创建，昆明边检口岸变温馨了，边检人员的形象变亲切了，通关变快捷了，旅客的抱怨变少了，昆明边检站“破茧成蝶”，在国门口岸嬗变成一道靓丽的风景。2007年以来旅客满意度始终保持在99.98%以上，2007、2008年，连续被公安部评为“成绩特别突出单位”，2009年，被云南省政府授予“模范边防检查站”荣誉称号，涌现十七大代表、云南省十大女杰尹亚菊等一批先进个人。

管理制度设计学，从来不把企业视为一种“社会机器”，而是一个鲜活的生态系统——社会大生态系统中的一个小生态系统，来自四面八方的人、思想、观念，在企业内部交汇，融成了一个山花烂漫、姹紫嫣红的社会生态群落。

创建诚信机场的目标是不断提高机场的综合保障能力和服务质量，这是一项涉及面广的系统工程。机场作为集服务体系与综合保障体系为一体的生产经营单位，服务质量和保障能力的不断提升需要包括机场、航空公司（尤其是基地航空公司）、联检单位等所有驻场单位的共同努力和通力配合。这些单位与机场之间的沟通和协调是否及时、畅通，对于创建诚信机场品牌尤其重要。为此，昆明机场逐步建立了与驻场单位互相监督、激励、交流的同创共建诚信机场联动机制。在诚信机场的创建过程中，航空公司、驻场单位、商家和机场各部门紧密结合，进行

"横向到边、纵向到点"的密切协作，加强联系，牢固树立"民航是一家人"的思想，共同打造诚信品牌。

一位经常往返于昆明和东南亚的旅客说："现在你们的服务不仅规范得体，而且非常亲切自然，就像春天一样。"如此赞扬的话语是送给昆明边防检查站的。随着诚信机场名片的打造，昆明边防检查站从礼仪培训入手，从细节着手，转变官兵的服务方式。他们专门邀请云南大学教授开设礼仪讲座，邀请民航空乘部门的专家对官兵进行礼仪实践培训，使官兵们转变以往严肃、死板的服务形象，提高了服务质量，营造了安全稳定、优质高效、快捷温馨的和谐口岸通关环境，树立了良好的窗口形象。

昆明机场海关努力提高机场口岸的通关速度，开展了"多点申报、口岸验放"的新通关模式，使机场口岸出口货运量70%左右的鲜活商品快速通关；"不让一滴不合格的航油进入飞机"、"不让一滴航油流失"、"宁等飞机一小时，不让飞机等一分"，这是中航油云南分公司普通的化验员、保管员和加油员的诚信承诺，他们严谨细致的工作作风时刻践行着诚信宣言；检验检疫局积极为客户开设"物流绿色通道"，24小时全天候服务，保证货物及时受理报检，及时出检，及时出证，完成口岸通检的"三及时"；云南民航空管分局为更好地为航空公司和机场提供服务，提出了"切实加强安全管理，确保飞行安全，加强运行组织管理，提高运行质量，加快基础建设，提高设备保障能力，加强空管队伍建设，提高人员素质"的要求；东航云南分公司飞机维修基地开展了"服务质量和安全生产专项整治"活动和"提高航班正点率、降低人为差错率百日安全竞赛"活动，使旅客乘机更加安全；厦门航空公司营业部把创建活动与"以诚为本，以客为尊"的公司理念相结合，在服务工作中切实做到"五心"服务。

物品货真价实、菜肴卫生可口也是消费者最基础的消费要求。百事特商务有限公司通过制定严格

的采购进货制度，物品验收储存制度，食品管理制度，卫生消毒等制度规范操作行为，并按照餐饮食品卫生和酒店卫生标准的每一项要求，实实在在地落实在管理中。在ISO9000质量体系框架内，杜绝“不诚信”供货商，杜绝出现食品卫生安全事故。客房卫生工作也是具体的诚信服务工作表现，百事特秉承诚信服务的理念，努力打造放心客房，房间内所有的布草均送至专业洗涤公司清洁、消毒；客房内的茶杯、漱口杯等重复使用的日常用具，均严格按照卫生要求落实消洗制度，每次消毒都进行登记，并有客房领班进行检查，让每一位顾客都能用得放心。同时，在客房内，每天在客人入住前都会对房间进行全面清洁，不留卫生死角，以高标准、严要求保证每间客房都能达到严格的四星级标准。

在旅客最关注的餐饮和商品的价格问题上，昆明机场以旅客满意第一，商家、机场共赢的理念为依托，邀请省消协、检验检疫局等有关部门一起对候机楼内的商品进行了价格检查，要求所有商家明码标价，按价售货。并以特许经营的方式引进肯德基介入机场餐饮业，丰富了机场的餐饮风格，拉开了机场平价餐饮竞争的序幕，满足往来机场的旅客更多层次的需求。

就机场和航空公司而言，荣辱与共的关系更为明显。航空公司和机场看上去像是一对民用航空共同利益相分隔的两个不同行业，合则双赢，散则双输，非常贴切地形容了机场和航空公司之间的关系。双方常就拓展、现代化、噪音、排放、起降费和其他的一些事情争论不休。事实证明，航空公司和机场是一荣俱荣、一损俱损的关系。航空旅行这个过程让乘客来到了机场，同时产生让航空公司支付给机场的费用。机场离开航空公司无法生存，航空公司离开机场同样无法运营。毫无疑问，航空公司和机场共同推动着航空人流、物流。团结合作，结成联盟才能进一步增强双方的竞争力。

诚信机场的创建为昆明机场和驻场单位、各航空公司提供了广阔的沟通交流平台，建立了旅客、机场、驻场单位、航空公司间的精诚团结关系，形成了共赢的良好局面，逐步树立起了昆明国际机场的“诚信”品牌。

至毋虚邪，行必正直。——管仲

诚信，开启“大民航”和谐之路

倡导和谐理念，构建和谐社会，是以胡锦涛同志为总书记的党中央在思想理论上的重大创新，体现了社会主义的理想追求，贯穿着马克思主义的科学精神，表现了党对执政规律的文化自觉。随着中国加入WTO过渡保护期的结束，中国民航运输企业将在更高层次、更大范围、更广领域参与国际竞争，航空市场的竞争环境将进一步激烈。机场作为民用航空的重要

组成部分，是地方对外开放和旅游形象的窗口，被誉为城市第一名片，需着力构建以确保航空平安、诚信服务旅客、发展充满活力和内外关系和谐为主要内容的和谐机场。

诚信在社会、组织机构、人际关系和个人等各个层面影响着我们。它自身有很强的持续效应。当有损害企业诚信的事件发生后，恢复信心的速度是很慢的。这会让我们付出昂贵的代价。

诚信机场创建工作，是一个系统的工程，也是一项长期的工作任务。创建诚信机场的意义在于通过创建活动，结合机场当前运作的薄弱之处，不断创新管理、创新服务，发挥优势，拓宽市场，打造候机楼服务品牌，为新旧机场的平稳过渡打下坚实的基础，最终把昆明机场打造成为面向东南亚、南亚，连接欧亚的国家门户枢纽机场，促进云南省经济社会的发展，争取早日实现航空强省的目标。为此，创建诚信机场办

至诚而不动者，未之有也；不诚，未有能动者也。——孟子

公室多方努力，形成行业内部心往一处想、力往一处使的和谐局面，不断提高机场整体服务水平。

【诚信实例】

发挥联动协作机制 提升诚信服务品质

现场协调行李手推车

为解决昆明机场候机厅行李手推车摆放位置不合理的状况，昆明机场创建诚信机场办公室于2010年7月16日上午召集昆明机场物业管理部和云南机场地服公司相关负责人，在候机楼二楼出发大厅入口处召开现场协调会。

创建办在走访调查中了解到，旅客反映昆明机场候机厅行李手推车摆放位置不合理现象较为严重，主要表现在行李手推车摆放位置距出发大厅入口较远，摆放过于集中，不方便乘机旅客运送行李时取用。同时，有偿使用行李车扎堆的现象易造成候机厅入口旅客拥堵。为配合“诚信机场”创建工作，提升昆明机场服务品牌，昆明机场创建办联合机场物业管理部和地服公司3家单位经过实地考察和现场调研，共同协商后达成一致意见：在场地有限的情况下，由物业管理部科学合理地设置行李手推车的摆放地点，将原来停放行李车的1个停放区域增加至3个停放区域。分别在候机厅入口2号门至3号门间、6号门旁增加停放行李车区域，并增设相应的引导标识，方便旅客取用。

地面服务公司针对候机厅新增行李手推车摆放点增加员工进行管理。按照原有规定，每5分钟对散落在大厅内的行李手推车及时回收，按划定区域摆放。对于有偿使用的行李手推车扎堆造成候机厅入口拥堵的现象，地服公司对工作人员进行严格管理，为每个出发大厅入口配置两名有偿行李手推车服务员，以适应旅客的需求。并将手推车管理纳入地服公司班组管理考核，从制度管理上保证诚信机场的创建。

联动协调航班延误工作

2011年以来，民航局提出了开展保障航班正常和大面积航班延误应急处置专项整治的工作要求。昆明机场的安全、正点和优质服务需要机场范围内的各航空公司和驻场单位的通力协作，云南民航对外的整体形象需要创建诚信机场各成员单位共同维护。

面对航班延误这个难题，诚信机场创建办主动发挥联动协调机制，运用各成员单位的整体联动作用，积极参与配合解决旅客与机场间的矛盾，从而增强机场的整体凝聚力，提升企业的对外形象。一旦昆明机场发生不正常航班大面积延误时，各保障单位能够迅速行动起来，有效地实施不正常航班的服务工作，务工作因信息传递不到位和服务工作滞后导致旅客情绪过激的现象发生。

通过昆明机场前期的准备和与各相关单位的沟通协调，建立了“一个中心，辐射八个方面”的航班延误联动协作机制。“一个中心”即一个指挥协调中心（负责不正常航班服务的组织、指挥与协调工作），“八个方面”分别为服务方面（负责旅客食、住、行）、票务方面（负责旅客票务签转和更改工作）、行李方面（负责安排签转旅客或取消航程旅客的行李托运工作，另外与行李分拣员配合做好航班延误旅客的行李提取工作）、新闻媒体接待方面（及时与新闻媒体沟通，坚持正确的舆论导向，维护好机场的整体形象）、车辆服务方面（保证外场车辆设备完好，全天候在岗待命，等候指令，随时为延误航班提供保障服务，保持与服务组的密切联系，实时掌握航班延误的旅客数量，及时为旅客提供热情周到的服务）、医疗方面（接到指挥中心信息后，到候机厅内巡视旅客情况，以便给旅客提供及时治疗）、维持治安方面（维持候机厅内治安秩序，协助服务组的服务员引导旅客，控制良好的秩序，确保昆明机场航班延误服务工作正常开展）、后勤保障方面（保障一线员工及时就餐）。

在航班延误处置工作中，要求各相关单位尽力保障好航班延误后的服务工作，尽量做到无缝隙服务，使保障航班正常环节更加顺畅、有序，同时也让旅客在旅途中更加舒心，使民航员工与旅客之间更加和谐，使服务工作更

诚信者，天下之结也。——墨子

加完善，确保航班安全正常运行。

专项整治候机楼外环境

为给旅客提供一个良好的乘机环境，创建办通过定人、定责、定任务、定区域的方式开展了候机楼外环境专项整治活动。创建办工作人员联合地方城管部门、机场公安组织现场巡查和监督，建立健全日常巡查监管制度，将监管责任落到实处。同时根据航班进港情况，安排监督巡查人员对候机楼内外兜售机票、打火机，散发宣传卡片的人员进行重点整治，对候机楼环境卫生和吸烟旅客进行监督管理。

同时，创建办在候机楼内开展了“查找和曝光不文明陋习”的活动，通过每周不少于三次的“明查暗访”督促各成员单位查找和整改不文明陋习；配合机场消费者投诉中心做好旅客投诉处理工作，未发生一起有效投诉，切实维护了旅客和消费者的合法权益；加强对昆明机场信息问询系统（96566）运行情况的监督、管理，电话接通率大大提高，旅客满意度增加，为广大旅客提供了优质的服务；杜绝了在候机楼到达口外的小商小贩非法经营及发放小广告行为，杜绝候机楼外非机动车辆乱停放现象，改善了候机楼的环境秩序，切实维护好昆明机场的良好形象。

旅客的快速增加，考验着全民航的综合服务水平，要以海纳百川的胸怀、世界的眼光和开阔的视野，不断扩大合作。民航各主体既是市场主体，也是互相服务的主体，协调处理好主体与主体之间的竞争、合作、互利、共赢的关系，以多方共赢的合作方式，维护民航市场运营秩序。不断加强和促进各主体间互惠互利、合理竞争、和谐相处、共同发展的外部市场环境的形成。以对话求理解，以共识求团结，以包容求和谐，以和谐求发展。

昆明机场始终坚持“诚信机场为本”不动摇，以“诚信”为支点，围绕夯实

“一个基础”，实施“五项举措”的思路开展工作。即夯实“弘扬诚信文化”这个基础，深入实施“抓好一个结合、落实两项制度、推进三项措施、建立四项机制、演好五个角色”，保障创建诚信机场工作的开展和推进，确保达到“云南大民航”的和谐共赢局面。

（一）夯实弘扬诚信文化这个基础

昆明机场的发展离不开诚信文化的推动，事业的繁荣也离不开文化的繁荣。大力加强诚信文化建设，必须着力丰富诚信文化建设内涵，提升诚信文化建设层次，将集团公司愿景、使命、发展战略、运行体制、员工行为等各个方面，按其本质的内在机理与逻辑，塑造一个充满生机的诚信文化体系，使创建诚信机场诚信文化建设真正成为促进经济又好又快发展的“动力阀”和“助推器”。

1.发挥机场诚信文化建设活动整体效能。诚信机场创建是个系统工程，需要不断地整合资源、汇聚力量，才能不断地把工作引向深入，不断地使工作推陈出新，取得更大的成果。在创建诚信机场这个集体中，每位员工都应该着眼全局，都应该认识到云南民航是一家。在这个大家庭中，所有的关联单位不仅在工作业务上有千丝万缕的联系，而且在长远发展上有共同的目标追求，通过整合各自的资源优势，使成员单位这个“个体”与诚信机场这个“团体”都能增效、增强，从而取得更好的社会效益、资源效益与品牌效益。

2.不断丰富机场诚信文化建设活动细胞。高度重视诚信“细胞工程”建设，激活每一个“细胞”，充分调动广大员工参与创造的积极性，并将促进干部职工履职能力的提高，作为评判诚信文化建设工作成效的主要标准。每位员工首先要求自己起到标杆、模范作用，用自己的言行举止

养心莫善于诚——荀子

来影响、带动身边同志。工作生活中，自觉弘扬诚信文化，号召单位的全员参与到创建诚信机场工作中来，让广大员工认识到“讲诚信、树正气”是完善个人职业素养、提高个人核心竞争力、展示个人良好形象的必由之路，做好宣传员的工作。同时大家要切实做好信息传递工作，加强与创建办的沟通，多提工作思路，多推广好的经验做法，多宣传诚信美德，多弘扬一线的闪光点。

3．拓宽机场诚信文化建设活动平台。诚信文化建设不仅是开展活动和环境建设，更是一种更高层次上的理念文化和管理文化，是各成员单位全体员工认同、追求的价值理念和行为准则。在创建诚信机场工作中“刚性的制度”，即规范员工行为手册，可在一定层面规范人的行为，而“柔性的举措”可直接作用于人的心理层面，在“刚性的制度”范围内施之以

“柔性的举措”，可以实现“刚柔并济”的效果，从而争取有利的时间掌握真实的员工思想状况及员工诚信思想意识牢固程度，引导员工自动自发地融于制度、敬业奉献。诚信机场创建能否达到创建目标，离不开每一位昆明机场范围内的工作者去完成。各成员单位员工通过积极参与创建诚信机场工作，激发员工讲诚信、树正气的良好风气，进一步培养和树立诚信意识，强化企业文化，增强团队合力，优化服务形象，提高管理能力，赢得顾客满意度和品牌美誉度。

（二）实施“五项举措”

1.抓好一个结合。就是将诚信文化与廉政建设紧密结合。立足机场事业的发展要诚信为先，诚信是事业之基，无诚信则难以得到信任，难以与人合作；诚信是自律的前提，没有诚信的人，是不会自律的，诚信较高的人，定会将他律变自律；诚信是廉洁之根本，廉洁包含于诚信，诚信包含

廉洁。昆明机场党委领导重点抓诚信机场建设，提出了诚信的要求首先是求真务实，这既是一种工作态度,也是一种工作作风，更是诚信要求的体现，对纪检监察工作、对纪检监察干部尤为重要。诚信的要求是令行禁止，强调执行力；是严谨自律；是履职尽责；是效果的优良。落实诚信，一定要从自己做起，躬身实践。从惩防的角度推进诚信建设，抓好诚信教育，倡导要求、营造氛围，将诚信的理念要求内化于心、外化于行，让每个人从根本上认同诚信，将诚信的要求变为自我的需要，自觉行动。二是强化制度的约束，进一步加强和完善制度建设，做到有规可循。三是加强督导，好落实过程中的匡正、修偏。四是对不诚信的人和事给予惩戒，使其付出不诚信的代价，以儆效尤。要通过诚信建设，筑牢反腐倡廉的基础，要通过反腐倡廉工作，大力弘扬诚信做人、诚信做事的工作作风，深入开展“创建诚信机场”为主题的创建活动，围绕航空公司、旅客、员工最为关心的问题开展专项检查和行风评议，为维护人民群众的根本利益，构建和谐社会提供作风保证。

2.落实两项制度。即“联络员联系制度”和“服务质量监督员监督制度”。为了更好地加强各成员单位与创建诚信机场领导小组的联系，及时将诚信机场创建有关工作部署和精神及时传达到各成员单位，同时各成员单位也能将本单位的有关情况、意见、建议反映给创建诚信机场领导小组，使创建诚信机场领导小组能够全面了解诚信机场创建的情况以作出必要的决策和工作部署，更好地为创建工作服务，需制定联络员联系制度，要使各成员单位资源共享，优势互补；对反映有关部门的突出问题及时进行处理、纠正，使联络员联系制度收到实效。以明察暗访活动为监督机制，聘请服务质量监督员，结合专项整治活动，对候机楼内存在的问题进一步解决，完善监督检查体系，加大监督检查的力度。在今后的工作中，要与各驻场单位更加紧密协作，借鉴安全管理的力度和方法，把明察暗访工作与“六化”有机结合起来，以“十项服务承诺”为监督检查依据，细化检查清单，强化整改落实，全面提升昆明机场的服务质量，巩固诚信硕果。

3.推进三项措施。在深入推进创建诚信机场工作中，推进“先锋模范一面旗、全员参与一团火、资源共享一盘棋”，在工作实践中不断地深入领会科学发展观的内涵，以工作磨炼党性修养，以实际行动扎实体现作风，不断提高抢抓机遇、应对挑战的能力，不断推进诚信机场创建各项工作再上新台阶。

先锋模范一面旗，就是要求创建诚信机场成员单位的党员，自觉讲党性、重品性、作表率，认真履行职责，提高科学发展的执行力，为各成员单位的广大职工展现好先锋模范作用。

全员参与一团火，就是要激发成员单位更多的同志，共同参与到创建诚信机场这项意义重大的工作中来，为了“同创共建”这一共同的目标，深入一线，展现热情，为事业无私奉献。

资源共享一盘棋，就是要深入领会创建诚信机场的重大意义，着眼于“云南大民航”共荣共存，既注重各成员单位各自的协调发展，又抓住牵动全局的主要工作，集中力量重点突破，不断将创建工作引向深入。

4.建立四项机制。研究探索，完善机制，全面提高“云南大民航协作”的“诚信文化”建设活动质量，通过建立“云南大民航协作”四项联动机制，从完善机制入手，使之实现“有序管理、规范服务，张弛有度、提高效益”的目标。通过“定期曝光制”，就是在每季度一次的创建诚信机场讲评会上定期曝光一些不诚信、服务质量不高的行为或事件；“通报奖惩制”，就是对照标准，通过明查暗访等途径，积极发现一些基层的闪光点与不足之处，在讲评会或“诚信空港”杂志予以通报；“协作联动制”，就是以昆明机场为圆心，各成员单位为半径，结合具体工作实际，实施协作联动，共同完成好工作任务，从而提高工作效率，增强整体凝聚力；“讲评考评制”，就是通过成员单位会议上讲评以及集体的民主考评，对各成员单位在创建诚信机场工作中的工作质量予以考评。通过四个制度的保障，更好地同心协力、开拓进取，积极寻找新的创建方式，全方位地开展诚

信机场创建的各项工作，从而产生更好的结果与绩效，促进创建工作的健康发展。

5.演好五个角色。创建诚信机场工作是个系统工程，工作的成效如何，取决各成员单位的共同努力。要想出色地完成好这项工作，唯有不断地提高认识，更新观念，才能更好地适应创建工作发展的需要。一是“合作伙伴”的角色，只有树立合作共赢的思想，才能为个人和企业赢得更广阔的发展空间；二是“心理医生”的角色，要树立换位思考意识，设身处地站在别人的角度思考问题，感受到他人的情绪，分担别人的忧愁，从而更妥善地处理好工作中的热点、难点问题；三是“书记员”的角色，把对别人的承诺一一记录在案，并一一对照落实，把承诺的事情办好，把未兑现的事情尽快落实；四是“公正员”的角色，公平、公正对待每件事、每项工作、每个人，做到“诚实做人，诚信做事”；五是“宣传员”的角色，将诚信文化内化于心、固化于制、外化于行，在激励约束中实现价值导向，自觉引导和规范广大员工的行为。

创建诚信机场的目标是不断提高机场的综合保障能力和服务质量，是一项系统的工程，需要包括机场、航空公司（尤其是基地航空公司）、联检单位等所有驻场单位的共同努力和通力配合。根据德国慕尼黑机场的调查发现，接送旅客人员与旅客之比接近1:3，而且由于旅客下机后要提取行李、或可能遇到延误、或办理进港手续等，预计到达时间往往不是旅客真正到达时间，因此，接送旅客的人员在机场平均要停留一个小时以上。机场经营的宾馆、零售、餐饮、商务、辅助交通等企业为接送旅客人员创造良好的消费环境。诚信机场创建办公室提出的专项整治工作、协作联动机制等工作思路，一方面是从旅客的角度出发，“想旅客所想，急旅客所急”，不断提升服务品质，满足旅客日益增长的服务需求，兑现创建诚信服务承诺，竭力为广大旅客提供最优质的服务；另一方面是从整个云南民航诚信品牌建设出发，建立旅客、机场、驻场单位、航空公司间的和谐关系，形成了共赢的良好局面。多年来，创建办通过组织开展“诚信杯”演讲比赛、征文比赛、知识竞赛、文艺表演、足球赛、专题研讨会、季度讲评会、周年庆典等具有针对性和行业特色的诚信机场创建实践活动，加强了与驻场各单位的联系，不断培养各成员单位员工的诚信服务意识，建立起了持久的诚信工作理念。通过创建诚信机场活动为昆明机场和驻场单位、各航空公司提供广阔的沟通交流平台，逐步树立起了昆明国际机场的“诚信”品牌。

忠信谨慎，此德义之基也。——王符

整合资源，带动枢纽机场建设

构建枢纽门户机场对提高航空公司、机场乃至民航整体的竞争能力都有重要作用和深远意义。枢纽门户机场也是一个国家、地区和城市参与国际性、区域性分工、合作、竞争的重要基础设施和战略制高点。

没有以大型枢纽机场为龙头的强大机场群，没有强大的基地航空公司，没有完善的航线网络，没有高效的枢纽运作条件，就没有客货航空运输规模，建设航空强省也就缺乏基础支撑。为促进我国西部地区民航事业的发展，加速西部门户枢纽机场的建设，民航总局于2006年5月19日与云南省政府签署《关于加快云南民航发展的会谈纪要》，决定加大投资力度，给予政策倾斜，将昆明机场建成面向东南亚、南亚，连接欧亚的国家门户枢纽机场。这一战略定位的有效实施，必将推动云南省由航空大省向航空强省的转变。

从落实科学发展观的角度分析，政府对枢纽机场的定位固然重要，

但枢纽机场的形成和区位、资源配置、市场需求息息相关。枢纽机场是航空公司航线网络的中心，既是绝大多数航线起始的交汇节点，也是大量航班汇聚的场所。航空公司与机场是航空运输的两大主体。机场之于航空运输主体如同皮肤之于毛发。构建航空运输网络，必定是以机场这个节点作为基础，通过交叉放射才能形成网。机场的中转功能包括机场现有航班量、飞行流量架次、航线辐射率等因素。中转功能是机场最核心的竞争力之一。对旅客而言，机场强大的中转功能可以使旅客快速集散，减少等待时间；对货运代理商和货主而言，可以实现货物的高效整合，减少等待处理时间；对航空公司而言，容易形成较高的客座率，降低运营成本；对机场而言，可以给机场带来可观和稳定的收益，提高设施设备使用率，增强机场竞争力和可持续发展的动力。

枢纽机场是在中枢航线结构基础上产生和发展起来的，中枢航线结构形成于20世纪70年代的美国。1978年，美国放松航空管制政策后，一些大型航空公司为了提高竞争力，求得最佳经济效益，首创了一种新的航线布局模式，其特点是客流量较小的城市之间不直接通航，而是以大型枢纽机场作为中转机场进行航班衔接，以实现客货快速运输的目的。枢纽门户机场是一个国家、地区和城市参与国际性、区域性分工、合作、竞争的重要基础设施和战略制高点，构建枢纽门户机场对提高航空公司、机场乃至民航整体的竞争能力都具有重要作用和深远意义。

建设枢纽机场必须具备以下几个条件：一是根据国内民航业发展情况看，枢纽机场的条件是，所在城市在国家经济社会中居于重要地位，是国家政治或经济中心；航空地理位置优越，在国家整个航空运输网络中具有重要战略地位；周围较大区域内机场数量较多，除短程支线辐射外，有较多的中远程干线辐射；为大型航空公司本部所在地，具备较强的中转功能和先进的客货处理设施；国内和国际吞吐量较大。二是枢纽机场的地位以规模效应为依据，以规模效

欲修其身者，先正其心；欲正其心者，先诚其意。——韩愈

应为基础的枢纽机场定义,实质上强调的是机场的经济意义，是将视角扩大到包含航空公司、机场当局、地面综合交通运输体系乃至区域经济社会综合发展的范围，是更高角度、更全面的概念。只有当旅客和货物达到相当的密度和数量后机场才能取得规模效应，提高自身竞争力，并促进区域经济的繁荣，彼此之间是相互关联、相互促进的。三是有强大的基地航空公司和完善的航线网络。枢纽机场的航线结构属于轮辐式航线网络，需要强大的基地航空公司大量开辟始发航线，进行广泛的航线连接。因此，要求在枢纽机场运作的航空公司具备辐射范围广大的航线网络和能够灵活调配的强大的机队。实力强的基地航空公司表现为航线多、航班密度大、飞机型号多、飞机利用率高，在飞机数量、机型配置、定座系统、离港系统等方面符合枢纽航班、航线规划的要求。所以，吸引足够多的航空公司驻场或有成熟的基地航空公司支持，是构成枢纽机场的必要条件，是机场和航空公司“双赢”的可行途径。四是高效的枢纽运作条件。在枢纽机场建设过程中，高效的枢纽运作条件也起到关键的作用。机场、空管、驻场单位等相关部门也需要具备相应的软硬件设施设备。首先，高效的地面保障。枢纽机场要具有更高效的进离港系统、行李系统、安检设备、值机柜台等。配套的航班服务，如现代化高效的航油供应、航空食品供应、航空货物装卸和快捷的飞机维修服务等地面服务保障体系，也为枢纽机场的顺利运作提供了保障。其次，快捷的中转流程。业务流程是根据机场服务的市场来设计的，目的就是使机场陆侧的客货（包括中转客货）能够更高效、更安全、更方便地离开或到达。第三，合理的航班波设计。要提高枢纽机场的中转效率，根据中转市场的市场特性来安排航班波是十分必要的。第四，良好的空域发展能力。宽松的空管环境是指航空公司在航线、航班、时刻选择等方面有较大的自主权和

灵活性。航空公司在枢纽机场的航线结构已由点到点调整为轮辐式结构，使航空公司的飞机、人员、航材及维修设施等资源配置得到充分优化。第五，便捷的通关政策。机场、航空公司、海关、边检、检验检疫等部门要协调配合，为客流、货流迅速流动创造条件，简化手续，保证乘客在短时间内完成国内到国际、国际到国内的航班转机，保证货物、邮件、行李迅速到达。

昆明机场建设枢纽机场现状与“构建面向东南亚、南亚，连接欧亚的大型门户枢纽机场”的目标还有一定距离，但已初步具备了基础。昆明巫家坝国际机场是我国西南地区重要的省会干线运输机场，是国务院公布的全国五大口岸机场之一，民航总局确定的地区枢纽机场，西南地区航空网络的辐射中心。云南作为我国西南门户，是我国参与中国一东盟自由贸易区、孟中印缅合作、大湄公河次区域经济合作的中心地带。从地理位置上看，昆明是连接中国和东南亚、南亚最便捷的通道之一，是中国飞往印度洋区域的快捷航路之一，以昆明800公里为半径的范围内，有近30个国内外机场，昆明机场正好位于各辐射航线的交汇点，具有很强的集散优势。从门户枢纽机场的特征来看，云南独特的地理位置优势成为昆明机场建设门户枢纽机场最显著的特征，为发展国际航线，构建面向东南亚、南亚，连接欧亚的大型门户枢纽提供了天然的资源和优势。枢纽机场建设任重道远，不可能一蹴而就，昆明机场以诚信做标杆，除了在安全管理、机场运行、服务质量等方面采用国际标准，符合国际惯例外，从业务量、流程运作、服务品牌和人才储备等方面按照枢纽机场的要求，协调各方，培育市场，积累经验，锻炼人才，规范运作，在提高中转能力、优化收费政策等方面下工夫。稳步推进了门户枢纽机场建设。

机场没有快捷的中转功能，就会导致航线结构不合理，机场

高论而相欺，不若忠论而诚实。——王符

就将失去竞争力。要推进枢纽机场的建设，必须加快国际航班之间、国际航班与国内航班之间、国内航班之间的转接，以及当天航班之间和隔夜航班的中转流程设计及优化。同时，增加候机楼开展中转服务所需的空间，包括中转通道、行李中转厅、自动扶梯、中转办票柜台、安检通道等。

2009年4月1日，昆明机场中转联程投入试运行，意味着昆明机场向建设枢纽空港的目标又迈进了一步。在投入运行的大半年中，昆明机场及时发现和解决问题，不断总结经验、改善中转流程，推动中转业务良好运行。自4月1日至11月12日昆明机场共办理中转旅客103128人次，中转行李43936件，旅客日平均办理量650人次，旅客中转实现率为80%；协助

东航云南公司于6月26日开通了省内11个机场的“联程值机、行李直挂”业务，实现了连接省内支线机场和省外干线机场的中转联程业务。

一般而言，枢纽机场都拥有强大的基地航空公司，而且基地航空公司在机场客货运量方面占有主导地位。由于机场和基地航空公司的互相依赖关系，基地航空公司的实力将对机场连接性产生很大的影响。拥有强大的连接网络和密集航班量的基地航空公司将提高机场的连接性，为机场带来更多的客货源，反之则降低。如美利坚航空公司的航班数占其亚特兰大城枢纽机场航班数的73.5%，美国西北航空公司占底特律枢纽机场的79.8%，德国汉莎航空公司占其法兰克福枢纽机场航班数的60.8%；法国航空公司客货运量占其巴黎枢纽机场的52%以上。但是，这只是其中的一个方面，还有一个更为重要的因素就是基地航空公司的规模也必须足够大，并且航线网络丰富。如全美排名第一的美利坚航空公司，飞机数量在900架以上，排名第三的美联航其飞机数量也接近600架，法国航空公司目前拥有220多架飞机。从昆明机场基地航空公司运营现状来看，虽然东航云南公司在昆明机场的市场份额较大，但是，与枢纽机场的基地航空公司要求相比，其品质还未能满足昆明机场枢纽建设的需求，尤其是机队规模与航线网络。与此同时，为使航空公司与机场联合建设门户枢纽，机场必须强化经营和服务理念，在规划和建设枢纽机场方面，最大限度地满足航空公司运营需求，加强与航空公司的联系与协作，广泛征求他们对枢纽机场建设的意见和要求，充分考虑其需要，以谋求共同发展。

从2009年7月1日开始，昆明机场根据集团公司下发的《云南机场集团有限责任公司促进云南航空市场持续发展实施方案》（下称《方案》），根据不同时段、不同飞机、不同航线、直达或经停等情况逐步实现

不能感人，皆诚之不至。——朱熹

差别费率，对航空公司开辟新航线、在州市机场停放过夜飞机等将提供费用减免等收费政策。

航空公司在昆明机场新开或恢复国际（地区）未通航城市的直达航线，该公司该航班在昆明机场运营第一年内，飞机单项起降费、停场费、旅客服务费、安检费（下称“四费”）全免；运营第二年内，以上费用按50%收取；运营第三年内按80%收取。为提高昆明机场国际航班所占比重，航空公司增加国际航班密度也将获得相关费用的减免。航空公司在国际航线现有航班基础上新增的航班，新增航班在昆明机场运营第一年内，飞机单项起降费全免。航空公司新开经昆明中转北京、上海、广州的国际联程航线，该航线航班在昆明机场运营第一年内，“四费”按50%收取。同时，昆明机场提供更具吸引力的增值服务，为各驻场单位提升服务标准，提高服务质量。

纵观发达国家的航空运输业，一个显著的特征就是其航线分布呈现出“枢纽型”网络结构，这种网络通过遍布各地的众多中小型机场，将分散的客货源集中到一个吞吐量巨大的枢纽机场，然后集中转运到目的地，从而提高运营效率。

枢纽机场建设是未来大型机场参与市场竞争的必然选择。国际门户型枢纽机场不仅要具有区域性的战略位置，还要有快速增长的航空市场，周围密布的支线机场，以及便利的中转服务，存在一家具有相对垄断地位的基地航空公司，而云南已经具有了成为区域性枢纽机场的条件和基础。目前省委、省政府对全面加快昆明新机场建设、新机场的定位、全面建设符合昆明机场实际的航线网络架构都取得了共识。

昆明新机场建设是中国经济全球化战略和建设东盟贸易经济区的重要组成部分。昆明机场已具备发展门户枢纽的有利条件：一是空运区位优势显著。作为云南旗舰机场的昆明机场是连接中国和南亚、东南亚最便捷的通道之一，且位于各辐射机场的交汇点，具有一定的集中分散能力，比西南地区其他主要机场更具优势。目前国内通航点已达77个，国际和地区通航点23个，基本形成了连接省内、国内主要机场和周边国家重要城市的航线网络。二是粗具规模的空运业务量和巨大的发展潜力。近5年来，昆明机场的主要空运业务量排在全国5至7位之间，在我国第二梯队的机场中位居上游。三是机场建设粗具规模。昆明机场经过10多年的扩建和配套完善，已粗具规模，新机场的投入使用将使昆明的中心地位进一步加强和提升。四是机场属地化改革，将进一步得到地方政府的大力支持和扶持，为云南建设枢纽机场体系提供了宽松的政策环境。五是昆明正由一个区位优势、生态优势和旅游资源优势明显的中小型会展城市建设成一个具有强大经济实力和较高知名度的区域性会展城市，城市经济的发展将带动航空市场的整体发展。

昆明机场对东南亚、南亚地区具有良好的区位条件、竞争优势和市场潜力，不仅在我国西南地区占据重要地位，而且具备发展成为辐射周边国家的区域性枢纽机场的条件。国家把昆明机场定位于国家门户型枢纽机场，既缘于云南地理位置中对东南亚、南亚强大的辐射作用，也缘于是我国西南地区经济社会发展较好城市的良好基础。航线网络要以昆明机场为中心，辐射国内所有省份的主要城市和旅游城市的航线网络，辐射云南省内的航线网络，辐射云南省周边省份的航线网络，辐射东南亚、南亚国家的区域性网络。枢纽前加上门户型，主要是针对东南亚、南亚区域而言，通过建设航空航线网络，使昆明机场成为国内和东南亚、南亚之间的中转枢纽，力争成为国内到西南区域内的中转枢纽，保持和扩大国内到省内的中转枢纽。

中国第五航权的开发及机场属地化改革，机场业的发展随着航空业利益的重新分配而呈现出新的发展态势，枢纽机场的重要性为越来越多的地区所认识，对其地位的争夺日益白热化。近几年，临近的成都双流机场、重庆机场都在争夺西部门户枢纽机场中加快了步伐，尤其是双流机场与昆明机场的竞争发展更是呈现出你追我赶的局面。

昆明机场目前的基础设施、旅客吞吐量与双流机场都有一定的差距，但昆明机场迁建到新机场后，将有能力扩展到大型枢纽机场，两个机场的竞争将加剧。在这场竞争中，昆明机场有着极佳的区位优势，但能否在竞争中胜出除机场本身的现代化水平和优质服务外，还要看其是否有优于其他机场的功能。而机场功能的发挥在一定程度上取决于周边地区的产业定位和发展。发展空港经济，将会为航空货运提供集散、分拨、配货、交易、整理、加工、包装、仓储、展销、信息咨询、代办进出关手续等一揽子服务。

2012年昆明新机场开始通航，如何紧紧围绕建设面向东南亚、南亚，连接欧亚的国家门户枢纽机场的定位，以诚信为纽带整合各方资源，解决昆明枢纽机场建设存在的问题，增强昆明机场的核心竞争力，已成为焦点。昆明新机场建设中明确了现代综合交通理念，统筹建设航空、铁路、公路、轻轨等一体化的综合交通体系，并将出现大批与航空相关的产业聚

诚能体而存之，则众善之源，百行之本。——朱熹

集在机场周围，机场便从单纯的运输空港演变为经济综合体，并形成了具有一定辐射功能的临空经济区。

当前，昆明机场正面临着前所未有的困难和挑战，机场作为企业也面临着比以往更加复杂多变的市场环境：国际金融危机，全球经济动荡，国内经济运行中存在着一系列突出的矛盾和问题及昆明新机场的建设、新老机场的衔接、转场等诸多问题。这就要求昆明机场既要有忧患意识、危

机意识，又要增强信心，切实树立科学发展的理念，联合航空公司（尤其是基地航空公司）、联检单位等所有驻场单位，以诚信机场创建为平台，进行“横向到边、纵向到点”的密切协作，牢固树立“民航是一家人”的思想，使航空公司、驻场单位、商家和机场各部门共同努力和通力配合，不断提升管理水平，提高服务质量，增强云南民航整体竞争力。以诚信为支点，以昆明枢纽机场建设为中心，带动全省干线、支线机场发展，构成梯次结构合理、规模适度的轮辐式机场网络布局体系，昆明机场将随着航线网络的不断扩展，航空公司提供航班频率的不断增加，机场直接或通过中转连接的国际、国内城市的增加，吸引更多消费者以昆明作为旅程的始发点、中转点或目的地，吸引更多的航空公司进驻。加之滇中城市群产业化、城镇化、交通一体化的发展，昆明新机场将利用滇中经济区的有利地理位置和良好的经济发展态势辐射东盟、成渝、珠三角经济区，形成直飞欧洲、澳洲、美洲和东南亚、南亚的主要国家和国内主要城市、省内环飞连接的航线网络结构和客货运输兼顾的航空运输体系，赢得云南民航“大家庭”的共同繁荣。

诚者，圣人之本，百行之源也。——周敦颐

内和外顺，打造诚信桥头堡

2009年7月，胡锦涛总书记视察云南时指出："要充分发挥云南作为我国通往东南亚、南亚重要陆上通道的优势，深化同东南亚、南亚和大湄公河次区域的交流合作，不断提升沿边开放质量和水平，使云南成为我国面向西南开放的重要桥头堡。"云南省委、省政府表示在全球经济一体化、区域化不断加深的背景下，将持续保持投资拉动的强劲态势，继续实施大项目带动战略，继续加大对基础设施建设的投入力度，通过进一步完善海、陆、空综合立体交通网，把昆明打造成我国面向东南亚、南亚地区的现代客物流桥头堡，形成以航空为先导，以铁路、高等级公路为骨架的省际国际大通道，实现区位优势向经济优势的转变。

2011年5月6日，国务院正式批准并出台了《国务院关于支持云南省加快建设面向西南开放重要桥头堡的意见》（以下简称《意见》），意味着云南桥头堡战略正式上升到国家战略层面，突出了云南在国家对外开放战略中的前沿和国门作用。《意见》中对云南的5个战略定位，第一个就是将云南建设成为我国向西南开放的重要门户。

昆明新机场建设项目作为国家

“十一五”期间唯一获批新建的大型枢纽机场，位于昆明市官渡区大板桥镇附近，距市中心直线距离约24.5公里，项目总投资230余亿元，规划控制用地约22.97平方公里，规划目标为近期满足2020年旅客吞吐量3800万人次、货邮吞吐量95万吨、飞机起降30.3万架次；远期满足2040年旅客吞吐量6500万人次、货邮吞吐量230万吨、飞机起降45.6万架次。建设规模为飞行区按照4F标准规划设计，远期规划为4条跑道，建成后将拥有中国西部地区功能最全、环境最美、候机最舒适、交通最便利的候机楼，并作为中国第四大航空枢纽，机场先进的设施设备、发达的航空运输网络能够高效、快速、安全地促进人流、物流、信息流等流动，促进区域内旅游等其他相关产业的发展，特别是在国家应急救援、边境安全上，将起到重要的作用。

新机场规划之初，云南省政府就确立了“建世纪工程、立千秋伟

人无忠信，不可立于世。——程颐

业、创中国一流”的项目目标，强调了昆明新机场建设要坚持与国家民航发展战略紧密结合、与云南经济社会发展紧密结合、与现代新昆明紧密结合，按照现代交通理念创新综合交通模式、政府主导下的商业化开发模式推进建设。在2011年8月3日的省住房和城乡建设厅、省政府新闻办举行

的新闻发布会上，省政府批准并公布实施了《滇中城市群规划（2009—2030）》。规划中的滇中经济区是云南经济社会发展最好的地区，同时也是我国西南边陲一个十分重要的交通枢纽，积极培育滇中经济区是面向西南开放桥头堡建设中的动力和引擎。在规划中对滇中四城的支柱产业作了重新分工，明确了昆明“重点发展空港、铁路、公路交通枢纽和物流体系，发展无污染、技术密集型的工业门类”。提到昆明新机场“将促成昆明成为连接中国与世界重要地区的空中门户之一，并成为世界航空网络节点之一。”

昆明新机场作为延伸空中运输以及陆路运输的重要节点，其建设体现了国家综合交通体系的大战略，作为未来中国第四大航空枢纽的昆明新机场，将是国家大交通战略的枢纽和云南大交通战略的桥头堡。

机场作为一个地区和城市的重要窗口和配套基础设施，作为提供公共产品、公益性服务的部门，是民航运输体系中空中运输和地面运输的自然节点。机场是以增强区域经济竞争力、城市竞争力、国际竞争力，改善投资环境为总目标，通过人流、物流、资金流、信息流的集散助推社会经济、政治文化、金融服务等的发展，甚至为产业结构调整、新型产业再造提供可能。机场业可以是一个产业，同当地经济社会互动发展。通过机场这一基础平台的建设和发展，带动地区社会发展和经济水平的提高，为航空运输提供更广阔的空间。

不患位之不尊，而患德之不崇；不耻禄之不伙，而耻智之不博。——张衡

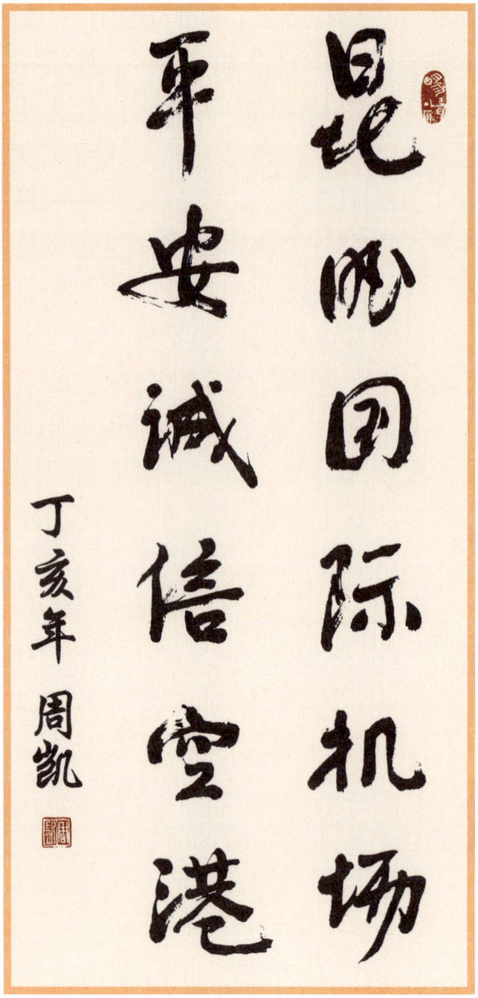

面对难得的机遇，机场当局认识到真正的竞争砝码还是源于诚信品牌的企业美誉度和消费者认可度。目前国家对外开放战略的推进和行业规定都为昆明机场提供了良好的经济环境和政策环境。昆明机场在桥头堡建设过程中，将继续着力推进昆明新机场建设运营、完善西南国际门户枢纽功能、构建综合交通体系；着力完善航线网络、提升对外开放水平、加快国际大通道构建；着力优化产业布局、打造临空经济发展新平台；着力优化人力资源管理、为桥头堡战略实施储备好人才队伍；着力提升管理创新能力、推进转方式调结构和科学发展，发挥云南民航在云南省加快面向西南开放的重要桥头堡战略建设中的重要支撑作用，使云南民航成为云南经济发展的重要增长极。

昆明新机场建设将直接带动相关产业的形成和发展。一是固定资产的投资，即机场主体工程建设及配套设施的完善；二是临空经济区建设、开发，即高新科技研发、保税区建设等；三是物流业，即加速云南省与国内、国际特别是中国——东盟自由贸易区之间的物资流动；四是外贸经济，机场业的发展必将迅速带动云南省与国际间的贸易往来，加速、加大资金流通；五是旅游经济，对于旅游资源丰富的云南来说，机场的建设、发展直接推动旅游业发展，受益最大的是云南旅游业，二者是相互依赖、相互促进的关系；六是会展经济，机场是吸引信息、技术、人才和市场最重要的渠道之一，同时也是最快速的通道之一，昆明会都的规划、建设、发展，一刻也离不开功能强大、舒适便捷的机场业。

昆明国际机场作为中外旅客进出云南的重要服务窗口，随着桥头堡战略、“面向东南亚南亚国际大通道”建设、“现代新昆明”建设和“中国——东盟”合作、大湄公河次区域经济合作的推进，以及新昆明国际机场的建设，其管理水平、服务质量、品牌形象乃至事业的稳定发展，都与“诚信”休戚相关。

因此，昆明机场需不断加强自身建设，搭建综合交通网络，有效利用高科技，充分发挥绿色机场在节约管理成本和优化流程方面的优势，加快步伐，实现超常规、追赶型、跨越式发展，努力把昆明新机场建成国际性人流、物流、信息流交汇中心，客运、货运便捷通达的枢纽机场，为云南省成为中国面向西南地区桥头堡打造节点，构建平台。

以诚信机场开创现代化枢纽机场是对昆明新机场的展望和目标。昆明机场将不断创新管理，创新服务，发挥优势，拓宽市场，打造机场服务品牌，为新旧机场的平稳过渡打下坚实的基础。要按照现代企业制度要求，建立健全诚信机场管理体系，最终打造综合性的枢纽机场。把诚信机场管理与枢纽机场建设紧密结合，明确诚信机场建设目标，完善责任制度和诚信行为准则，加强服务质量、安全管理，严格各项检查、保障制度与措施，防止失信行为的发生，增强诚信服务意识，提高机场信誉，树立良好的品牌形象。与此同时，加强对员工的诚信管理，建立诚信档案，通过诚信评估、评级和多种渠道掌握相关信息，实施全程诚信监控。把昆明新机场建成国际性人流、物流、信息流交汇中心，客运、货运便捷通达的枢纽机场，建成“安全服务设施全、应急救援能力强、地面交通方式多、航线连通广、货运规模大、服务流程顺、整体环境优、运行效率高、运营成本低”的大型航空枢纽，阔步向“连接东南亚、南亚，面向欧美的门户枢纽机场”迈进，最终把新机场打造成为亚洲和太平洋地区具有重要地位的综合性门户枢纽机场和现代物流中心，构建连接世界各地的空中经济走廊，发挥“空中桥头堡”的战略作用。

说之，推诚人自服。——刘禹锡

诚信載道

社会各界眼中的“诚信机场”

六载寒暑，两千多个日日夜夜，昆明机场以“诚”立身，以“信”建业，赢得了旅客的赞誉，社会的认同。6年来，昆明机场航班正常放行率始终保持在高位，名列全国七大机场之首；旅客有效投诉率明显降低，旅客满意度大幅度提升。根据《零点航服指数—中国公众航空服务传播指数年度报告》显示，昆明机场身小业精表现突出，有乘机经历者对昆明机场尊重旅客利益的感受度较强，印象感知度突出，信任度较高，从服务指数看，和首都国际机场、上海浦东国际机场一起位列全国机场前三位。6年来，昆明机场先后荣膺中国消费者协会“诚信承诺践诺先进单位”、“中国机场文明服务旅客（消费者）满意十佳品牌”、“中国品牌企业500强”、“全国消费者满意首选品牌”、“中国自主创新最具影响力品牌” 等荣誉称号50余项，荣获昆明市、云南省和全国“文明单位”称号。昆明机场的“诚信机场”建设以最朴实的行动孕育着崇高的理想，在地区和行业文化的雨林中飞速成长，在媒体和公众眼中已如一面迎风猎猎的大旗，傲然飘扬。

主流媒体写“诚信机场”（选）

六年的辛勤耕耘，六年的风雨兼程，六年的辉煌赞誉。通过地方和行业媒体的视野关注，真实记录了昆明机场恪守诚信的铮铮誓言；见证了昆明机场弘扬诚信的文化实践；铭记了昆明机场高速发展的丰硕成果。

创建诚信机场　创新服务品牌
——对昆明机场开展“创建诚信机场”活动的思考（《民航政工》2005年第2期）

鲲鹏展翅架金桥　航空运输谱新篇
——写在昆明巫家坝国际机场年旅客吞吐量突破1000万人次之际（《中国民用航空》2005年第11期）

诚信筑就理想路
——昆明国际机场诚信为本谱新篇（《中国民航报》2006.9.29）

安全至真　服务至善
——昆明国际机场诚信为本谱新篇（《中国民用航空》2006年第12期）
为了机场的安全和正常运行
——昆明机场抗洪抢险纪实 (《中国民航报》2007.7.31)

诚信，铸就空港服务品牌
——昆明机场开展创建“诚信机场”活动侧记（《中国民航报》2007.8.14）

昆明机场：狠抓经营服务秩序　为旅客提供诚信服务
——（《中国民航报》2007.9.18）

俯仰天地有大美

——昆明国际机场开展创建“诚信机场”活动纪实（《云南日报》2008.2.15）

让党建工作发挥“计算机”功能

——昆明机场成为国内民航首家党建质量管理体系认证单位纪实（《中国民航报》 2008.3.11）

“诚信”纪事

——（《云南日报》2008.4.11）

托起“银鹰”的翅膀：昆明机场抗洪抢险纪实

——(民航资源网2008.7.23)

昆明机场：思想大解放　工作大落实

——（《中国民航报》2008.8.26）

诚信是最大的品牌

——（《中国民航报》 2008.9.2）

全面构建诚信机场体系　深入实施服务品牌战略

——（《中国民航报》2008.9.2）

经济寒冬　春城空港依旧“暖意浓浓”

——昆明机场管理创新推动科学发展（《云南日报》2009.1.16）

五载春秋谱华章　扬帆起航创辉煌

——写在昆明巫家坝国际机场分立运行五周年之际（《中国民航报》 2009.8.21）

昆明机场：辛勤耕耘六十载　壮志凌云写春秋

——(民航资源网2009.8.31)

昆明机场实现2009安全年吞吐量突破1890万

——（民航资源网2010.1.1）

始终不渝地忠实于自己和别人，就能具备最伟大才华的最高贵品质。——歌德

迎难而上的足迹　科学发展的硕果

——昆明国际机场2009年工作纪实（《中国民航报》2010.1.5）

诚信为本　创新为魂　着力打造昆明国家门户枢纽机场

——（《民航管理》2010年第3期）

文化新风扑面来

——云南机场集团公司昆明机场企业文化建设掠影（《云南日报》2010.5.6）

履职尽责创先进　立足岗位争优秀

——昆明机场开展创先争优活动纪实（《中国民航报》2010.9.17）

图说“十一五”：昆明机场年旅客吞吐量逾2000万人次

——（《云南日报》2010.12.28）

开创云南航运史上的奇迹

——（《云南日报》2010.12.31）

承载历史重任　铸就六十年辉煌　开创新的纪元

——记昆明巫家坝国际机场保障航空安全运营六十周年（《民航管理》2011年第5期）

各驻场单位看“诚信机场”

昆明机场“诚信机场”创建六年来，繁花遍地、殊荣满身。这其中承载着昆明机场全体员工的辛勤汗水，承载着各航空公司、成员单位的艰苦努力，承载着社会各界对昆明机场的高度信任。

小信诚则大信立。东航云南分公司将以崭新的姿态、饱满的热情，积极与昆明机场一起，推进诚信工作建设！

——东航云南分公司副总经理 姜文忠

边检服务走前列，诚信空港誉天下。一元复始，万象更新，让我们继续努力，携手打造和谐、温馨、高效的诚信空港，擦亮这张彩云之南的特色“名片”。

——昆明边检站站长 李秀军

昆明机场开展创建诚信机场活动正是贯彻落实科学发展观，创建和谐社会的具体体现和实践活动。五年来在“创建办”的组织、协调下，各驻场单位积极参与，掀起了弘扬诚信美德，营造诚信服务、诚信经营、诚信管理的热潮，有效提高了昆明机场服务质量和保障能力，树立了昆明国际机场良好的服务品牌。作为创建诚信机场成员单位之一，昆明边防检查站党委高度重视，全站官兵积极参与，掀起了一场人人讲诚信、大家创诚信、处处体现诚信，热忱服务，共树形象，共创诚信机场品牌的热潮。特别是2007年全国边检系统开展提高服务水平活动，工作思路和目标与创建诚信机场统一一致，不谋而合。全体官兵更是热情高涨，全身心投入，按照公安部提出的“人本、专业、安全”的要求，紧密结合诚信机场的服务理念，提高专业素质、规范工作流程、改造基础设施、提供精细服务，营造了安全稳定、优质高效、快捷温馨的和谐口岸通关环境，受到了各级领导及出入境旅客的肯定和好评，树立了良好的窗口形象，为云南的改革开放、对外交流和经济建设作出了应有贡献。自参与创建诚信机场活动以来，我站共收到旅客感谢信20封，接到感谢电话16次，同时涌现出一批被创建办表彰的先进个人和诚信集体。成绩的取得离不开云南机场集团公司领导的关心、支持，得益于创建办的具体指导和帮助。今后的工作中，我们将再接再厉，按照创建诚信机场的总要求，按照提高边检服务水平工作“服务更加亲切，管控更加严密”的新要求，不断提高服务质量和服务水平，为全面构建诚信机场体系，深入实施服务品牌贡献力量。

——原昆明边防检查站政委　张俊华

自诚信机场创建活动开始以来，中国航油云南公司始终秉承“安全第一、预防为主、综合治理、持续改进”的安全生产方针，始终牢记“竭诚服务全球民航客户、保障国家航油供应安全”的神圣使命，始终奉行“公司强大、员工幸福”的美好愿景，为打造“平安诚信机场”作出了应有的贡献。诚信机场在为各驻场单位搭建沟通和交流的平台中发挥了重要作用，我衷心祝愿这项活动能继续丰富内容、创新形式，办得越来越好。

——中航油云南公司党委书记　骆长钦

自诚信机场创建活动开展至今，我们欣喜和自豪地看到昆明机场不断地繁荣与蓬勃，昆明机场成为全国最繁忙、服务质量最好的空港之一。万里航程始于油。中国航油云南公司积极响应打造诚信空港的号召，以实际行动建设诚信空港，打造航油诚信品牌。我们坚持“飞机飞到哪里、航油就加到哪里”的理念保障航班供油。从点滴航油的计量化验到分秒必争的加油作业，处处彰显出云南航油人精湛娴熟的技能操作和严谨求实的责任心。在云南民航事业改革发展的关键时期，我们将以航油供应“国家队”的崭新形象，继续弘扬诚信之风，忠实践行

"竭诚服务全球民航客户、打造国家航油供应安全"的神圣使命，以实际行动为建设诚信机场贡献力量！

——原中国航油云南公司总经理、党委副书记 马晓华

诚信是中华民族的传统美德，是市场经济的基本原则。就个人而言，诚信是高尚的人格力量，是立身之本；就企业而言，诚信是宝贵的无形资产，是立业之基。云南空管分局按照昆明机场创建诚信机场的总体要求，坚守诚信原则，弘扬诚信理念，培育诚信品牌，做诚信体系最坚定的执行者和捍卫者。依法自律，严守规章，规范管理；严格履行承诺，信守合同，依法纳税；自觉接受大众和新闻媒介的诚信监督。

——民航云南空管分局总工程师、工会主席 杨宏伟

常言道，做事先做人。做人，从诚信开始；做事，也是从诚信开始。千教万教教人做真，千学万学学做真人。诚信是一种做事的真功夫。不管"诚"也好，还是"信"也好，最关键的还是把握一个"真"字。

——东航云南分公司飞行部党委书记 刘晓东

创建诚信机场是构建和谐企业、和谐社会的需要，是机场提高服务水平、实施战略发展的需要。百事特作为机场的服务窗口形象单位，我们一直在追求"六心服务"，全身心投入，以诚相待。在员工素质提高的同时，服务质量也得到了很大的提升，得到了上级领导和客人的好评。在今后的工作中，我们将把诚信经营，由表面的感性变成深层次的理性思维，真正把"诚信"融入百事特企业文化，在新一轮的创业中再接再厉、开拓进取，让诚信服务这面旗帜在百事特永放光芒。

——云南空港百事特有限责任公司总经理 王晓兵

诚信是一种社会的道德原则和规范，它要求人们以求真务实的原则来指导自己的行为，以知行合一的态度对待各项工作。在现代社会，诚信是人应该具有的优秀品质，也是一个企

业应该拥有的品质。诚信是企业的生命，一个企业不讲诚信就立不起来。诚信对内可以作为粘合剂增强凝聚力，对外可以作为无形资产提升竞争力。诚信也是企业的一种健康生存状态。市场经济是交换经济，人们在市场上进行的交易也是信用的交易，诚信是维系交换行为的无形纽带，失去这根纽带，交换就无法正常地进行，企业也就无法健康地生存。

——云南空港华卓食品有限公司总经理 秦磊

"人无信不立，国无信不强"，企业有诚信才能获得信誉。企业诚信值万金，企业之本在诚信。以为人本，人的诚信是这个"本"之上的一个重要环节，是企业发展的核心保障因素，企业诚信，员工互信，企业才有发展壮大的根本。

——云南空港房地产开发有限公司总经理 蔡卫东

昆明机场是昆明乃至云南旅游交通的大动脉。众所周知，云南是以旅游业为支柱产业的旅游大省，而昆明又是旅游市场的重中之重，每年昆明机场接待世界各地的游客数以万计，为旅游产业作出巨大贡献。昆明机场与我公司建立了长期友好的合作关系，他们自创建诚信机场以来，以优质的服务、良好的信誉、完善的设施，为我们的旅游业带来了社会各界的好评及良好的经济效益。在今后的日子里希望昆明机场更上一层楼。

——云南中青国际旅游有限公司飞鱼假期总经理 欧阳

诚信是花，用心培育，它就会为你送去一阵芳香；诚信是树，用心灌溉，它可以给你带来一片阴凉。

诚是太阳，信是月亮，因为诚信，世界如此美好！诚是绿叶，信是红花，因为诚信，江山如此多娇！

用诚实做笔，用信用做纸，就能勾勒出最绚丽的画卷。用诚实做风，用信用做雨，就能悬挂出最美丽的彩虹。

——中航油云南公司 王保华

机场员工话“诚信机场”

“作为昆明机场的普通一员，我经常为员工和旅客间的故事所感动，我为机场骄傲，为自己有幸成为机场的一员而感到自豪！机场人服务了旅客，实现了自我，荣耀了机场！”这是我们昆明机场一名普通员工的心声，也是昆明机场数千名员工共同的心声。

诚信是心灵最圣洁最美丽的鲜花。

诚信是沟通心灵的桥梁。

诚信是一股让世界的每一个角落都流淌着洁净的清泉。

诚信是做人之根本，立业之基石，是一种自我约束的品质。

诚信是财富，拥有诚信能使世界变得更美好！

诚信是力量，显示着一个人的高度自重和内心的安全感与尊严感。

诚信是一把钥匙，打开心中那扇门上的锁。

诚信是人类文明的阶梯和明镜，让心灵无瑕，让友爱长存，让世界美好！

给心灵一片净土，给诚信一片天地，人生、事业的道路让我们与诚信同行。

——原昆明机场党委副书记、纪委书记 潘树合

伴随着社会经济的发展，旅客的消费需求也在不断提高，提供优质服务所产生的主观感受成为了市场竞争的焦点。在巫家坝机场现有的条件下，创建诚信机场办公室将继续和各成员单位共同努力，探求解决矛盾的最佳途径，提升服务“软实力”；继续站在旅客的立场理解旅客心理需求，以真诚的行动感动旅客，赢

人之所助在信，信之所本在诚。——陆贽

得旅客的信任和赞誉；继续开展具有针对性和行业特色的“诚信机场”实践活动，启发员工开拓思维，用发展的眼光看问题，用新的观念去想问题，保持旺盛的服务创新能力；继续加强昆明机场各单位和各驻场单位之间的协调与配合，共同打造昆明国际机场诚信机场品牌，全面推进云南民航的健康和谐快速发展。

——昆明机场党委副书记、纪委书记 木志兴

诚信不仅仅是一个伦理道德的问题，更是一个战略性的经营问题，它是市场经济的基石，企业制胜的法宝，也是为企业创造利润的保证，没有诚信，就不会有企业持续良性发展的未来。

——昆明机场党委副书记、副总经理 马毅

诚信是一种美德，是一种品质。一个拥有诚信的人，不管在事业方面还是在生活方面都会取得成功。

——昆明机场副总经理 邹晓岗

安全就是诚信。安全和服务就是机场的两条腿，只有安全和服务齐发展，机场才能树立良好的形象，才能赢得良好的效益。

——昆明机场副总经理 张德安

“人而无信，不知其可也”，诚信是做人的根本原则，他是中华民族的传统美德，是健康人格的体现。只有做到以诚待人，言而有信，才能得到别人的尊重和认可。诚信是我们民族的立国之本，是取信于民。团结和谐的人文精神。诚信是机场力行于世最基础的保障，是现代企业在法制社会的立足之本。诚信，对每个机场人来讲，是一张无形的通行证，是我们立身之本、处世之宝；诚信，也是人品高下的一块试金石。

——信息技术中心主任 孙红鸣

人无信而不立，业无信而难兴。“以诚实守信为荣、以见

利忘义为耻”是八荣八耻社会主义荣辱观的重要内容之一。中华民族自古就是一个以倡导“诚实守信”而著称的民族，他是民族强而有力的集结、凝聚纽带，是素质、品德、操行的重要体现。

——昆明机场党群工作部副部长 戴继红

新的一年里，从我做起，传播、营造、守护一个健康有序、公平公正的诚信环境。从我们每一个人内心的真诚出发，建立和守住信誉。昆明机场一定会建设起一个诚信的企业。

——创建诚信机场领导小组办公室副主任 马莎

诚信是一道山巅的流水，能够洗尽铅华，洗尽躁动，洗尽虚假。留下启悟心灵的妙谛。

——昆明机场团委书记 李玉雄

对人以诚信，人不欺我；对事以诚信，事物无不成。诚信是为人之本，也是一个班组、一个部门、一个企业、一个民族，乃至一个国家创业、守业、谋求发展、对外交往之本。诚实守信，是人类共同遵守的活动准则。

昆明机场在“诚信机场”建设中成效显著。作为机场的一名员工，在今后的学习和工作中要更加牢记为旅客提供诚信服务的使命，更加用心实践“首问负责制”、“十项服务承诺”、“六心”服务和“五实”作风，为创建“诚信机场 创新服务品牌”尽好自己的职责和力量。

——昆明机场航空安全护卫部党委副书记 柴劲松

诚信是企业的一种无形资产，带来的绝不仅仅是效益；诚信代表着一种企业精神、企业文化和企业形象。

诚信没有重量，却可以让人有鸿毛之轻，可以让人有泰山之重；诚信没有标价，却可以让人的灵魂贬值，可以让人的心灵高贵；诚信没有体积，却可以让人心情灰暗、苍白，可以让人的情绪高昂，愉快。

没有诚信的人间，是一个苍凉而荒芜的世界。我们诚信待人，付出的是真诚和信任，收获的是友谊和尊重。这是一份无形的财富，是一笔沉甸甸的无价之宝。把诚信作为根基，我们的生命之厦会更稳固，携诚信上路，我们的生命之旅会更精彩！

——昆明机场安全检查站党委副书记 杨阳

诚信不仅是一种品行，更是一种责任；
诚信不仅是一种道义，更是一种准则；
诚信不仅是一种声誉，更是一种资源。

——昆明机场总经理办公室副主任 朱维贵

诚者，天之道也；思诚者，人之道也——这是孟子留给我们后人的宝贵精神财富。在当今这个风云变幻的信息时代，民无信不立！做人如此，做事亦如此。作为云南机场人，我们只要倾力打造诚实之舟，高挂守信之帆，齐心协力挥动敬业之桨，终能成功到达诚信机场创建活动的彼岸。

——昆明机场航空安全护卫部 王子文

诚信是一个人立身之本，民族存亡之根。文明和谐社会的基础是诚信，高尚健康人的基本素质是诚信。一个不讲诚信的人是社会危险品。诚信是人生最大的财富，是一种美德，是宝贵的社会人生资源。这种资源并非天生就有，而是点滴积累而成，基础越牢实，则为人成事几率越大，反之失败几率则多。企业亦如此，诚信的良好口碑、形象是长期不计其数的“诚信之事”累积而成。我们的安全服务品牌有了诚信的基础，才显得坚实可靠，丧失诚信，则难以塑造企业形象。安全服务喻为舟，诚信喻为水，水能载舟，亦能覆舟。所以我们要毫不动摇地坚守住“诚信”这块阵地。

——昆明机场安全检查站 李建全

一个企业需要诚信，这是企业生存根本要素之一；一个企业更需要规矩，因为这是企业打造诚信的基础。昆明机场创建诚信机场已满六周年。短短的三年时间，我们的诚信建设从一个嗷嗷待哺的婴儿，发展成为一个健硕的成人。其间，凝聚了昆明机场全体领导、全体员工的诸多心血。这心血和汗水，浇灌出了一朵绚烂的诚信之花，它开放在昆明机场的每一个角落。我们每一位员工，能以诚信之心待客；我们的企业，能以诚信之本经营。我们的服务，得到了大众的认可；我们的效益，节节攀升。随着诚信机场活动的不断深入，我相信，昆明机场的明天会更好！

——昆明机场航空安全护卫部 赵颉

古往今来，诚信作为中国传统道德的一个重要范畴，已成为源远流长的中华文化的一部分，滋润着一代又一代的炎黄子孙。历史发展到二十一世纪的今天，为适应物质文明和精神文明发展的需要，人人知诚信，人人讲诚信，已成为社会中一个响亮的声音，警示着每一个有责任感、正义感和使命感的华夏儿女，塑造诚信的自我，共建诚信的社会。

——昆明机场安全服务管理部 王祉乔

什么是诚信？顾名思义，诚实守信。商家合法经营是诚信，人们之间相互平等交往是诚信，孔孟之家，礼、义、仁、信，商鞅变法，“徒木为信”。在创建诚信机场的过程中，我们最大的诚信莫过于严格按照行业管理规定，合理合法经营，用高质量的服务，高水平的能力，高效率的工作取信于民。

——昆明机场信息技术中心 陈东

塑我诚信机场，育我诚信员工，展我西南国门窗口形象，打造一流的团队，提升一流的服务，锐意进取，开拓创新，叫响诚信机场从我做起，热情服务向我看齐的口号。

——昆明机场安全检查站 谢瑞萍

因为诚信，生活中多了理解。因为诚信，生活中多了笑容。因为诚信，生活中多了友善。

诚为修身之本，而明善又为思诚之本。——朱熹你可以没有健康，你可以没有美貌，你可以没有机敏，你可以没有才学，你可以没有金钱，你可以没有荣誉，但你唯独不能没有诚信。

我们对未来充满了希望，未来也对我们充满了信心。诚信就是我们在担起未来的重任时，对社会回报的自信一笑。

——昆明机场航空安全护卫部　沈彦晖

在昆明机场开展创建诚信机场六周年之际，回想航空安全护卫部消防大队参与诚信机场创建所走过的历程，从容面对突如其来的消防安全事故，保障安全、服务机场、甘于奉献等词语不断涌上心头。安全——始终是机场永恒的主题，我们虽然不直接服务旅客，但是忠实履行昆明机场赋予的消防安全职责，就是服务！就是诚信！更是奉献！航空煤油泄漏、抗洪抢险、残运会保障，就是消防队员保证消防安全誓言的诚信践行。

——昆明机场航空安全护卫部　杨剑豪

“三杯吐然诺，五岳倒为轻”，诚信于个人是一种人格力量，诚信于企业是一份宝贵财富。

诚信的建立不仅仅是靠标语、口号，更重要的是我们如何做，如何把诚信服务精神印在自己的心里。蜜蜂，是我们机场的吉祥物，作为一名机场人，一名光荣的共青团员，机场里的新鲜血液，更应该为诚信机场的建设发扬蜜蜂的奉献精神，凝心聚力，扎实工作，开拓创新，以良好的精神状态和饱满的工作热情，为机场又好又快地发展作出更新、更大的贡献。

——昆明机场医疗急救中心　杨晓彦

诚信是中华民族的传统美德，是现代文明的重要标志，是为人之道，做人之本。作为一个企业，只有在众人心中建立良好的对外形象，才是长远的发展之道。尤其作为机场这个特殊行业，每天面临大量的进出港旅客，只有建立起良好的诚信口碑才能赢得旅客的认可。而在企业内部，员工与领导，员工与员工之间只有诚实守信，才能万众一心，共同进退。

——昆明机场信息技术中心　李茜

诚信应该体现在工作中的每个细节。作为机场的一名员工，在工作中时刻用诚信理念要求自己，用心做好每一件事就是对创建诚信机场最实际的行动。

——昆明机场运行管理中心 韩明明

由于工作的关系，我与同事每天都和成千上万进出昆明机场的旅客接触，每当帮助素不相识的老弱病残旅客提取行李交到家人手中，得到别人的赞许认可时，我们都有一种心灵上的满足与安慰；每当看到领取失而复得物品的旅客激动的表情时，我们队员也同样能体会得到助人为乐的快乐。虽然有的时候会遇到别人的误解，甚至责骂，但我们永远无怨无悔，为的是用自己的实际行动创建诚信机场，为的是让进出机场的旅客感受到家庭的温暖，为的是让我们的社会更加和谐。

——昆明机场航空安全护卫部 杨贵

现代企业发展我认为诚信是最初的落脚点，而服务则是企业诚信的广义概括。创建诚信机场，树立企业形象是有形资本和无形资本联结的纽带和效能转化的动力，是社会主义和谐发展的本质要求，同时也是“打造航空强省”或企业改革发展的重要武器。

机场企业的健康、快速、稳定发展，需要机场每位员工树立高度的主人翁意识。诚信使企业与员工达成共识，从而协调企业对员工的需求与员工个人需求之间的矛盾，并达到个人与企业的同步发展。服务是构成企业核心竞争力的重要组成部分，员工的行为方式、言谈举止或工作面貌则是服务的根本表现。为航空公司、旅客、货主和社会各界提供方便、快捷、舒适的优质服务，是企业诚信为本的核心价值观。作为昆明机场的一名员工，我们应当把树立“五实”作风，倡导“六心”服务，弘扬“七要”精神，较好地落实到工作、生活的方方面面，为推动昆明机场协调健康发展而努力。

——昆明机场航空安全护卫部 梁加胜

威与信并行，德与法相济。——苏轼

诚信作为天下行为准则的关键，自古以来为世人所推崇。对国家，“诚信”是立国之基。对企业，“诚信”是立业之根。对个人，“诚信”是立身之本。昆明机场大力推行诚信机场建设，则是在道德高度全方位提升自身品牌，促进企业健康发展。作为昆明机场人，我要始终坚持做本色人、说诚心话、干真实事，真切为顾客提供温馨、周到的服务，与同事一起携手奋斗昆明机场无比美好的明天！

——昆明机场安全检查站 李滔

如今的社会，有诚信和没有诚信的人相比，获得好处并不多，那么一个人，一个企业为什么还要拥有诚信呢？原因很简单，一个缺乏诚信的企业或个人都将导致自我毁灭。机场作为一个特殊的行业，更是应该坚持原则，保持一种诚信的态度，努力为旅客提供一流的航空运输服务，保障旅客的航空运输安全，在人民的心中树立起良好的企业形象，争做一个受人尊敬的诚信企业！

——昆明机场信息技术中心 王世涵

我是昆明机场物业管理部设备维修室一名普通的员工，虽然我的工作不直接面对旅客，但每当我因业务需要而穿梭于候机楼内外，总会不时地遇到旅客向我问路。我想，这些旅客第一次来到昆明，他们能够这样放心地把这些疑惑托付给我，应该首先出自第一印象中对我的信任，而这样的信任很大程度上依赖于我身上整洁的制服和昆明机场的工作人员证。

所以，每一次，我都竭尽所能，热情而又耐心地帮助他们，直至令他们满意才放心离开。因为我相信，诚信是彼此信任的基石。因为昆明机场优良的品牌形象，旅客才会将信任交给我们，而我们只有用最诚信的服务回报旅客，才能够在彼此间筑起牢固的基石，才能让我们的事业愈发蒸蒸日上。

——昆明机场物业管理部 杨燕

检验企业及个人是不是讲诚信，我觉得可以从三个方面衡量：一是能不能自觉自愿地诚实守信，主动履诺；二是能不能在利益不对称时，仍然坚持诚实守信；三是能不能主动为对方利益考虑诚实守信。

作为个人要想成为一名优秀的民航人员，除了不断地钻研业务，提高专业水平和能力，更要不断加强自身的修养，从而更好地发挥潜能，超越自我，尽最大努力为机场创造价值。

——昆明机场航空安全护卫部 杨树发

创建诚信机场已成为每个员工的共识，我们用自己的汗水换来的是旅客的赞许和对昆明机场的信任，也在旅客满意的微笑里找到工作最大的动力和意义。

——昆明机场安全运行保障部 巨岩

诚信是拼搏，认真负责，兢兢业业，用心完成各项工作。诚信是责任，让旅客乘坐飞机更安心，更顺心，更舒心。诚信是机场的命脉，是一切价值的根本。

——昆明机场运行管理中心 莫晶

当飞机从跑道腾空而起飞向远方的城市，当旅客见到亲人绽开幸福的笑容，我衷心的为自己所从事的工作而感到自豪。

——昆明机场安全运行保障部 王茜

诚信文化如春风化雨，激励员工，服务旅客。诚信创建像蜜蜂酿蜜，点滴积累，塑造品牌。一个微笑,一个礼遇,一个小小的帮助,一声轻轻的问候, 把小善积成大爱，让旅客宾至如归。这是我们昆明机场每位员工的心愿，也是我们昆明机场员工在诚信创建活动中向社会、向中外旅客递交的答卷。

后记

魏建国

昆明巫家坝机场有着深厚的历史渊源，云南人从20世纪20年代买飞机、建机场、办航空，到“二战”期间成为抗战大后方，驼峰航线、飞虎队成为历史荣耀，再到新时期云南机场改革发展、属地化管理和国家门户枢纽机场建设，昆明巫家坝国际机场走过了一条从无到有、由弱到强的跨越式发展之路。

但发展过程中并非都是坦途。在2004年8月20日，昆明机场分立运行后，昆明机场党委班子在面临新形势新任务提出的新使命新要求，在面临体制改变，原来四位一体的协同机制被打破的转变之初，有过困惑，有过迷惘。

作为昆明机场的总经理和党委书记，我常常思考：怎样提高机场的生产保障力和员工的工作效率？怎样发挥昆明机场的区域经济带动作用和文化软实力？怎样让昆明机场重现快速、美好、和谐的发展态势？

“思路决定出路，态度决定高度”。经过艰苦的探索、实践，我们找到了创建诚信机场这个答案。

6年来，昆明巫家坝国际机场党委在集团党委的领导下，以高度的责任心和使命感，求真务实，在激烈的市场竞争中，在紧张而忙碌的情况下，始终保持着清醒的头脑，以诚信机场创建为突破，牢牢把握发展主动权，励精图治、创新管理、求真务实、厚积薄发，在同比旅客吞吐量相同的机场中候机楼最小、机坪最小，仅有单条跑道，设施容量不足，保障能力弱，管理压力巨大等种种制约下，依然实现了连续6年各类指标同比增长，安全生产平稳受控，服务质量稳步提高，改革创新不断推进，基础建设成效显著，文化软实力深入人心，党建创新立行业标杆，各项殊荣不断。

6年来，我们创新理念，以机制为道。自2005年5月昆明机场在全国民航率先开展创建“诚信机场”活动以来，昆明机场始终坚持以“创建诚信机场、创新服务品牌”为指导思想，坚持“旅客为本、旅客利益至上”的宗旨，按照“四创两争”工作具体要求，提出了“一到十”的工作方针，明确各成员单位的质量总要求，建立起完善的诚信奖惩制度。

6年来，我们培养意识，树诚信之风。我们意识到“诚信”是开启云南民航共同发展之门的金钥匙，将诚信理念“深入人心”，必然能够拓展出更为广阔的事业发展空间。我们将道德品质提升作为“诚信机场”创建工作的基础，通过大力营造舆论氛围，着力抓员工道德建设，广泛深入开展“诚信为本，从我做起”的主题教育和实践活动，多层次、全方位地进行公民道德知识宣传教育，在云南民航范围内营造了“重道德、讲诚信”的良好氛围。

6年来，我们创新服务，以人为本。昆明机场把创建文明机场与《云南省创建文明单位管理条例》相结合，与提升文明服务规范、提高文明服务水平相结合，与创建文明城市相结合，努力做到“服务质量标准化、服务管理规范化、服务过程人文化、服务内容差异化、服务态度主动化、服务水平专业化”，为旅客营造安全、舒适的乘机环境。通过一系列的工作举措，确立了云南民航人共同的价值取向，初步整合了各方优势资源，扎实地推进了诚信创建整体工作。

6年来，我们争先创优，建文明之窗。昆明机场在工作任务重、要求高、条件复杂、时间紧迫的情况下改造完善了软硬件方面的资源，对服务、环境秩序、卫生，进行了针对性整治，并拨出专款绿化、亮化候机楼外围区域，从人力、物力、财力三个方面予以全力保障，完成了市、省、全国级文明单位的三级联创。

6年来，我们营造宣传氛围，增强舆论引导。在“诚信机场”创建工作推进过程中，我们始终把道德建设放在突出位置常抓不懈，在成员单位内，深入一线挖掘工作典型，扩大宣传范围，通过《诚信空港》内刊、网络、《云南空港报》、云南广播交通台等媒体进行了广泛宣传。运用网络、《诚信空港》、简报、专题讲座、座谈、知识竞赛等灵活多样的形式，努力营造浓厚的学习氛围，从而把社会公德、职业道德、家庭美德和文明礼仪融入到广大员工的工作生活中，牢牢把握了舆论引导力。

6年来，我们创新载体，注重工作成效。昆明机场高度重视机场与旅客、航空公司、驻场单位、政府部门和周边社区的关系，通过种种举措，为长远发展营造了和谐的内外部环境。组织开展了“诚信”主题征文、诚信文艺汇演活动、“诚信杯”足球友谊赛、篮球友谊赛、“趣味运动会”、诚信机场周年年度表彰会、成员单位先进代表考察学习活动等具有针对性和行业特色的“诚信机场”创建实践活动，努力营造“健康、和谐、进步”的文化氛围，确保了昆明机场整体服务水平的持续提高。

6年来，我们和谐共荣，布“一盘棋”之局。在所有参与到诚信机场创建工作的成员单位共同努力和全体员工的辛勤付出下，我们不断稳步推进创建工作，扩大创建成果，恪守“诚信做人做事”，追求“服务至真至善”，初步构建了各成员单位之间、机场与旅客之间、机场与承运人之间的和谐共荣关系，形成了“讲诚信、讲奉献”的和谐氛围。目前，“立足诚信讲奉献、恪守诚信求发展”已逐步成为云南民航人的共识，云南民航迎来了新的历史发展起点。

诚信机场创建工作，说起来很容易，但实施难度却很大。比如说，在安检服务工作中，如何在严格执行安全检查的同时做到让旅客满意的优质服务？在航班大面积延误时，如何让旅客理解、认可、满意我们的服务工作？点滴细节需要我们去思考和实践，更是凝聚了昆明机场及各成员单位全体员工无私奉献的精神、顽强拼搏的斗志和不畏辛苦的劳动。

一分耕耘，一分收获。经过6年多的实践，昆明机场“诚信机场”创建工作创造出了一个个辉煌的业绩。获得了“全国文明单位”、“全国消费者满意首选品牌”、“中国自主创新最具影响力品牌”、“诚信承诺单位”、“简化商务同心协作奖”等国家级荣誉称号。累累硕果的背后，是昆明机场持之以恒的开拓进取，是昆明机场人无怨无悔的付出。

当《诚信载道》的定稿最终出炉时，我有一种发自身心的愉悦。毕竟这本书从动笔写作到完稿已近一年，一年来虽多有繁忙疲惫，但此书的编写未尝一日去心，可说念兹在兹，无有懈怠。这本书的立意选材、结构安排、义理脉络、文字表述诸方面，虽一字一句、一义一理都是仔细斟酌，但不恰当的地方总是难免，非一己之力所能周全，还需社会各界、同仁志士给予斧正。

《诚信载道》一书在资料收集及撰写出版过程中，有幸得到了云南机场集团有限责任公司刘明总裁亲自题序，并给予了许多的帮助和指导；得到了昆明机场党委班子成员和创建“诚信机场”各成员单位的大力支持，得到了昆明机场党群工作部的鼎力协助。对以上领导和同仁，我致以由衷敬意和感谢。此外，我参阅了大量的资料和书籍，在此一并致谢。

书名“载道”，凝聚了昆明机场6年来实践、总结“创建诚信机场”的理论成果，希望起到抛砖引玉的作用，让诚信文化开枝散叶，和昆明机场一起展翅腾飞！

参考文献

[1]王宗岐.《圣贤论诚信》[M].北京工业大学出版社，2003.
[2]李春秋.《诚信助你成功——大学生诚信建设读本》[M].华南理工大学出版社，2005.
[3]廖进.《诚信与社会发展》[M].西南财经大学出版社，2004.
[4]刘光明.《企业品格的力量》[M].经济管理出版社，2006.
[5]宋惠昌.《诚信：商道之本》[M].民主与建设出版社，2002.
[6]保罗·詹森.《诚信的种子》[M].机械工业出版社，2005.
[7]纪保康等著.《诚信中国》[M].中国盲文出版社，2002.
[8]潘东旭等著.《现代企业诚信：理论与实证研究》[M].经济管理出版社，2006.
[9]宋希仁.《干部诚信建设读本——中外诚信名言点评》[M].中国方正出版社，2007.
[10]刘玉瑛.《诚信决定存亡》[M].新华出版社，2008.
[11]刘明.《云南机场文化解读》[M].中国民航出版社，2009.
[12]刘明.《航域无疆——云南机场发展的探索与实践》[M].中国民航出版社，2009.
[13]刘明.《机场管理模式研究》[M].中国民航出版社，2008.
[14]《云南机场年刊》编纂委员会.《云南机场年刊》[M].内部印刷刊物，2006、2007、2008.
[15] 魏杰.《文化塑造——企业生命常青藤》[M].中国发展出版社，2002.
[16] 罗国杰.《道德建设论》[M].湖南人民出版社，1997.

[17]李春秋.《中华美德大典》[M].山西教育出版社，1996.
[18]王良.《社会诚信论》[M].中共中央党校出版社，2003.
[19]史瑞杰，魏胤亭.《诚信导论》[M].经济科学出版社，2009.